Isabell Werth Evi Simeoni

Was für ein Mensch ist mein Pferd?

PIPER

Zu diesem Buch

Isabell Werth erzählt kenntnisreich und persönlich von den wichtigsten Pferdepersönlichkeiten ihrer langen Karriere. Sie beschreibt, wie Pferde und Reiterin einander prägen, verweist auf die zahlreichen Charaktereigenschaften und Abenteuer, die diese mit sich bringen, sowie die Wege der Problembewältigung. Denn jedes Pferd ist anders. Es gibt keine Schablone, die für alle gültig ist. Es gibt Pferde, die richtig schlecht gelaunt auf Schnee reagieren, andere werden sauer, wenn sie nicht als erstes gestreichelt werden. Denn wie wir Menschen merken auch sie sofort, ob sie die Nummer eins sind.

Isabell Werth, geboren 1969, ist die erfolgreichste Reiterin der Welt. Allein bei Olympischen Spielen hat sie acht Goldmedaillen gewonnen, und ihre Karriere ist noch nicht zu Ende. Sie ist weltbekannt im Reitsport, im Dressurreiten orientieren sich auch etablierte Konkurrenten an ihr, für Hobbyreiter ist sie ein Idol. Niemand hat es geschafft, den Reitsport so lange zu prägen wie sie – ihr Aufstieg begann Ende der 1980er-Jahre. Gemeinsam mit Evi Simeoni verfasste sie auch den Bestseller »Vier Beine tragen meine Seele«.
Evi Simeoni, 1958 in Stuttgart geboren, ist Journalistin und Schriftstellerin. Mehr als 40 Jahre war sie Sportreporterin der *Frankfurter Allgemeinen Zeitung*. Für ihre journalistische Arbeit wurde sie mit zahlreichen Preisen ausgezeichnet, darunter dem Theodor-Wolff-Preis. Zuletzt erschien von ihr bei Piper »Höllenjahre. Die Briefe meines Onkels aus dem Krieg. 1939–1945«.

Isabell Werth Evi Simeoni

WAS FÜR EIN MENSCH IST MEIN PFERD?

Diva, Macho, Teufelsbraten:
16 starke Charaktere – und
was sie uns lehren

PIPER

Mehr über unsere Autorinnen, Autoren und Bücher:

www.piper.de

Von Isabell Werth und Evi Simeoni liegen im Piper Verlag vor:
Was für ein Mensch ist mein Pferd?
Vier Beine tragen meine Seele

Von Evi Simeoni liegt außerdem im Piper Verlag vor:
Höllenjahre

FSC www.fsc.org MIX Papier | Fördert gute Waldnutzung FSC® C021394

PRODUZIERT MIT VERANTWORTUNG

Erweiterte Taschenbuchausgabe
ISBN 978-3-492-32193-8
September 2025

www.piper.de
Für einen direkten Kontakt und Fragen zum Produkt
wenden Sie sich bitte an: *info@piper.de*
Umschlaggestaltung: Birgit Kohlhaas, kohlhaas-buchgestaltung.de
Umschlagabbildung: Barbara Schnell und CreativeMarket/ArtByHien
Satz: Uhl + Massopust, Aalen
Gesetzt aus der Adobe Garamond Pro
Litho: Lorenz & Zeller, Inning am Ammersee
Gedruckt von ScandBook in Litauen
Printed in the EU

Für Madeleine Winter-Schulze

Inhalt

Auf Augenhöhe mit meinen Pferden

Jeden Abend beginnt auf der Wiese, wo meine vierbeinigen Rentner gemeinsam ihren Lebensabend genießen, das gleiche Schauspiel. Die Pferde setzen sich in Bewegung und fangen an, im Kreis zu gehen. Als hätten sie sich verabredet. Wie eine Prozession und stets in derselben Reihenfolge. An der Spitze geht Don Johnson, mein alter Freund, der schon immer die Tendenz zum Anführer hatte. Es folgen sechs oder sieben Kameraden. Die Pferde gehen ein paar Runden zusammen im Schritt, als ob sie sich verabredet hätten, es ist wie ein gemeinsamer Abendspaziergang oder eine Gymnastikstunde vor dem Schlafengehen. Meist fangen sie irgendwann an zu traben. Und zwar richtig. An trockenen Tagen wirbeln sie Staub auf und traben in einer Wolke weiter. Manchmal eine halbe Stunde am Stück. Das machen sie ganz von selbst und immer nach dem gleichen Schema. Pferde sind eben Gewohnheitstiere.

Ich sitze gelegentlich auf dem Balkon vor dem Schlafzimmer, wo man den besten Blick auf die Rentnerwiese hat, und schaue zu. Was ich da sehe, entspannt mich und macht mich glücklich. Ich beobachte, wie sie sich kabbeln, untereinander ihre Spielchen treiben und sich wohlfühlen. Ich stelle mir vor, sie sind eine kleine Gang, wie die »Fünf Freunde« oder so, und muss darüber lächeln, wie sie miteinander umgehen. Ich freue mich sehr, dass so gut wie alle Pferde, mit denen ich einst auf Turnieren gestartet bin, noch einen langen Lebensabend genießen. Sie werden fast ausnahmslos sehr alt. Satchmo zum Beispiel, von dem ich zuletzt Abschied nehmen musste, wurde achtundzwanzig.

Ich beobachte, wie sie ihre Rangordnung regeln und wie jeder von ihnen mit der Zeit einen Platz in der Gruppe findet. Laurenti zum Beispiel, auch ein ehemaliges Turnierpferd, hatte zuerst Integrationsprobleme. Er ist der Größte und Massigste von allen, aber der mit dem kleinsten Herzen, was die anderen natürlich sofort gemerkt haben. Er wurde gemobbt, wir mussten ihn sogar eine Weile aus der Gruppe herausnehmen und seine Bisswunden pflegen. Doch er kam zurück, ordnete sich ein und gehört nun dazu. Don Johnson dagegen hat sich erst einmal in eine Ecke verzogen und gefressen, wenn die anderen mit ihrer Abendgymnastik anfingen, so als würde er die anderen für total doof halten. Irgendwann setzte er sich dann direkt an die Spitze. Es läuft unter Pferden eben manches ganz ähnlich wie unter Menschen, ob nun in der Freizeit oder im Büro.

Wer mich bei einem großen Titelkampf reiten sieht, im günstigsten Fall anschließend eine Siegerehrung beobachtet, bei der ich vielleicht als Medaillengewinnerin geehrt werde, sieht nur einen kleinen Ausschnitt meines Lebens mit Pferden. Denn mein Blick ist nicht nur auf die sportlichen Aspekte gerichtet. Und den Erfolg sehe ich als die Frucht guter Arbeit. Für die Pferde, die bei uns groß werden, übernehmen wir die Verantwortung, sie nehmen viel Platz in meinem Leben und Denken ein, und sie haben einen Anspruch auf ihre Rente. Nach wie vor sind die Menschen um mich herum, mein Lebenspartner Wolfgang Urban, mein Sohn Frederik und der Rest der Familie, der Mittelpunkt meines Lebens und mein großes Glück. Ich muss aber auch nicht wählen zwischen Mensch und Tier. Ich kenne meine Verantwortung, und so muss ich auf manche Verabredung oder Einladung eben kurzfristig verzichten, weil eins meiner Pferde meine Fürsorge braucht.

Mein Team nimmt mir vieles ab, aber es gibt oft Situationen, in denen ich vor Ort gebraucht werde, an erster Stelle handelt es sich um gesundheitliche Probleme. Da kann im Kalender stehen, was will: Dann kommt das Pferd an erster Stelle, und der Mensch muss halt mal warten. Unser tägliches Leben, das ganze Drumherum, die Ausbildung, das Kümmern, Nachschauen, Pflegen, unsere Hingabe für das Wohl der Pferde, das erleben die Zuschauer nicht. Die sehen, wie wir im Viereck unsere Lektionen reiten und mitunter Fehler machen. Dieses Kümmern ist ja nicht irgendwann abgeschlossen, nur weil die sportliche Laufbahn eines Pferdes vorbei ist. Meine Pferde sind meine Lebensabschnittsgefährten. Und es macht mich stolz, sie dabei zu beobachten, wie sie so fit und munter ihre späten Jahre genießen.

Das Leben in der Gruppe ist die ursprüngliche Haltungsform, in die die Pferde nach ihrer sportlichen Laufbahn zurückkehren. Was allerdings nicht heißt, dass sie sich unter diesen Bedingungen in echte Wildpferde verwandeln. Turnierpferde brauchen erst einmal eine Weile, bis sie sich an das Rentnerdasein gewöhnt haben, auch wenn wir das Training langsam herunterfahren. Am Anfang schauen sie eher unglücklich, wenn sie nur auf der Wiese gelandet sind und nicht mehr zum Sport abgeholt werden. Genau wie viele zweibeinige Rentner und Pensionäre, die erst lernen müssen, wie man mit seiner freien Zeit umgeht – und damit, dass man leistungsmäßig nicht mehr gefordert wird.

Auch später kommen die verabschiedeten Pferde immer wieder ans Tor, halten nach uns Menschen Ausschau und kommunizieren mit uns. Und manche, wie etwa mein Pferd Apache, gewöhnen sich nur schwer an die Freiheit. Das Gegenteil hätte ich von ihm erwartet. Doch er wollte nie lange draußen sein und immer weiter von uns unterhalten werden. Das ist der Extremfall, aber so ganz lässt keiner von ihnen sein altes Leben los. Die Zucht und die Domestizierung haben dazu geführt, dass sich unsere Pferde vollkommen auf den Menschen eingelassen haben. Das meine ich, wenn ich von der »Vermenschlichung« der Pferde rede. Das heißt nicht, dass ihre natürlichen Grundvoraussetzungen nicht erfüllt werden und sie wie Schoßhündchen behandelt werden sollten.

Umgekehrt bin auch ich mit meinen Pferden ein Abhängigkeitsverhältnis eingegangen – und ich begegne ihnen auf Augenhöhe. Mit dem Unterschied, dass ich vorgeben muss, ob es heute nach rechts oder links geht. Aber ich strebe eine gleichberechtigte Kommunikation an. Je länger ich mit Pferden arbeite – und das sind nun schon weit mehr als dreißig Jahre –, desto klarer ist mir geworden, wie viel ich von ihnen lernen kann. Und dass ich mich nur mit ihnen zusammen weiterentwickle. Es gibt keine Schablone, die man aus seinem bewährten Wissen zusammenbauen kann und die dann für alle gültig wäre. Jedes Pferd ist anders. Ich setze mich mit jedem einzelnen auseinander, führe Diskussionen mit ihm, und die Ausbildung eines Pferdes ist immer wieder ein individueller Prozess. Sie erziehen mich automatisch, jedes auf seine Art, und ich mache mir unendlich viele Gedanken darüber, wie ich am besten mit ihnen umgehe. Das kostet viel Hingabe, Selbstreflexion und Geduld. Ich will, dass sie die Leistungsfähigkeit, die sie von Natur aus mitbringen, optimal entfalten können – und dass sie das alles positiv sehen und gerne tun.

Wenn ich an meine Anfänge zurückdenke, wird mir klar, dass die Haltung der Reiter gegenüber dem Pferd früher ganz anders war. Die alten Reitlehrer, die sogenannten alten Meister, bauten viel mehr darauf, dass der Mensch das Pferd dominieren müsse. Ich dagegen sage: Wir sind gleichberechtigte Partner. Diese Entwicklung geht parallel mit der Entwicklung der Zucht, denn unsere modernen Pferde bringen eine ganz andere Basis mit als die Pferde in der Nachkriegszeit. Damals ritt man mit Militärpferden oder Wagenpferden, die noch nicht über die heutigen Möglichkeiten verfügten, Springen oder Dressur. Die absoluten Spitzenpferde bringen heute eine ganz andere Elastizität mit, ein ganz anderes Vermögen und einen ganz anderen Geist. Heute muss man sie kaum mehr motivieren. Ihre Leistungsbereitschaft ist eine der größten Herausforderungen für einen Reiter: Es muss gelingen, ihre Energie so zu kanalisieren, dass sie ihre optimale Leistung zeigen können, ohne außer Kontrolle zu geraten. Ihr großer Ehrgeiz lässt sie »heiß« werden, das heißt, sie sie sind so engagiert und hoch motiviert, dass sie auf kleinste Reize, unter anderem auf Geräusche, reagieren, und wir müssen diese Energie positiv nutzen.

Die einzelnen Charaktere der Pferde treten in der alltäglichen Arbeit ganz plastisch hervor. Und bei den vierbeinigen Hochleistungssportlern, mit denen man als Profireiter umgeht, handelt es sich zwangsläufig um Persönlichkeiten mit starkem Profil. Ich mache mir das immer wieder bewusst, um ihrem Charakter im Alltag stets gerecht zu werden. Das darf in allem Trubel nicht zu kurz kommen.

Meiner Erfahrung nach sind viele Charaktereigenschaften der Pferde und der Menschen gleich. Ich finde sogar, dass man manchmal eins zu eins von Menschen auf Pferde und von Pferden auf Menschen schließen kann. Zum Beispiel in der Art und Weise, wie beide auf Angenehmes reagieren. Und wie sie sich sträuben, wenn ihnen ihre Aufgaben nicht behagen. Wie unwirsch sie werden können. Im Grunde läuft es in jeder Beziehung so, wenn der eine vom anderen etwas will. Unabhängig davon, ob ich nun mit meinem Sohn zu tun habe oder mit meinem Pferd. Und natürlich gibt es empfindlichere und weniger empfindliche Charaktere. Es gibt Pferde, die sind richtig schlecht gelaunt, wenn es zum Beispiel Eis und Schnee gibt und sie nicht ihren gewohnten Auslauf auf dem Paddock hatten. Andere werden unleidlich, wenn ich morgens die Reihenfolge ändere, in der ich sie reite. Die merken sofort, ob sie

Pferd Nummer eins sind oder Nummer drei. Jeder will doch in seinem Umfeld geliebt, geschätzt und gebraucht werden, und dafür haben auch Pferde einen feinen Sinn.

Natürlich muss man die Verhaltensweisen gewissermaßen übersetzen, vom »Menschlichen« ins »Tierische« und umgekehrt. Wenn man diesen Schlüssel gefunden hat, sind die Parallelen unübersehbar. Und ich habe im Umgang mit meinen Pferden sogar schon oft neue Erkenntnisse über Menschen gewonnen. Darum die Frage im Titel dieses Buches: »Was für ein Mensch ist mein Pferd?« Ich habe aus dieser Perspektive versucht, die Charaktere von sechzehn meiner wichtigsten Pferde zu beschreiben – und die Art, wie sie mich geprägt haben, als Sportlerin und als Person. Vielleicht kommt nun der eine oder andere auf die Idee, mich umgekehrt zu fragen: Und was für ein Pferd bist du eigentlich? In einem Punkt bin ich mir da sicher: Wäre ich Mitglied meiner Rentnergang, würde ich auf der abendlichen Runde bei Don Johnson an der Spitze laufen. Ein bisschen Alphatier muss sein.

Die Behauptung, Menschen wären klüger als Pferde, würde ich nicht zu hundert Prozent unterschreiben. Das kommt darauf an, finde ich. Ich kenne ein paar Pferde, bei denen ich guten Gewissens sagen kann: Es wäre schön, wenn einige Menschen eine ähnliche Intelligenz und Pfiffigkeit mitbrächten. Mir ist bewusst, dass die Wissenschaft das anders beurteilen würde. Aber ich empfinde das so. Einmal davon abgesehen, wie geduldig und großzügig Pferde uns Menschen gegenüber sind. Wie partnerschaftlich sie sich verhalten, obwohl sie eine solche Urkraft haben.

Die Charaktereigenschaften meiner Pferde betrachte ich als ihre Stärke. Ich versuche, sie bewusst zu pflegen. Wenn ein Pferd frech ist, dann soll es frech bleiben und in diesem Kontext seine Leistung entwickeln. Natürlich immer so, dass es nicht gefährlich wird. Wenn einer schüchtern ist, versuche ich ihn zu ermutigen, mehr aus sich herauszukommen, und ihm dadurch zu mehr Selbstbewusstsein zu verhelfen. Und ich bin sicher, dass ihm das guttut. Um das zu erreichen, muss ich so mit den Pferden kommunizieren, dass sie mich verstehen. Das kann manchmal auch ganz schön wehtun. Wenn mich mal einer kneift, was zu den kommunikativen Äußerungen mancher Pferde gehört, bekommt er nicht gleich die Quittung dafür. Ich beherrsche mich, das muss sein, und das schaffe ich in der Regel auch. Ich versuche zu verstehen, ob das Kneifen, das ich da einstecke, als Unmutsäußerung, als Liebesbekundung oder als Dominanzverhalten zu verstehen ist. Es kommt wirklich ganz selten vor, dass ich auf eine solche Botschaft ungehalten reagiere. Das muss schon eine Situation sein, in der ich weiß: Wenn ich nichts mache, ufert die Sache aus.

Es ist nicht umsonst so, dass wir in meinem Stall einen sehr respektvollen Umgang miteinander pflegen. Es gibt bei mir nicht ein einziges Pferd, vor dem ich einen Besucher warnen müsste, weil es ihn vielleicht treten oder sonst etwas Böses machen könnte. Wenn jemand an die Box eines meiner Pferde tritt, dreht es sich um und geht zu ihm hin. Und das auch, wenn nicht irgendwo eine Möhre glänzt. Sie haben alle einen sehr engen Bezug zu Menschen. Keiner verzieht sich in eine Ecke und lehnt jemanden ab. Keiner steht trübe da und will sich nicht mehr bewegen. Sie sagen: Ah, da kommt jemand. Ah, du bist es. Ich bin richtiggehend beleidigt, wenn ich in den Stall und an eine Box gehe, und das Pferd kommt tatsächlich mal nicht. Da denke ich: Was ist denn da los? Habe ich etwas verbrochen?, und gehe auf ihn zu. Wenn man einen Menschen trifft, der unfreundlich reagiert, fragt man sich ja auch zunächst einmal, ob man etwas falsch gemacht hat. Die Basis ist gleich. Es kann natürlich sein, dass einer einfach schlechte Laune hat. Dann darf er eben auch mal schlechte Laune haben, solange es nicht ausufert. Leider kann man die Sache mit einem Pferd in einem solchen Fall nicht vernünftig diskutieren, sondern muss gewisse Sicherheitsregeln einhalten. Die Pferde sind nicht von Haus aus gefährlich. Aber es gibt natürlich sehr unterschiedliche Verhaltensweisen von gutmütig bis hochsensibel, woraus sich Risiken ergeben können. Besonders bei Hengsten oder bei jüngeren Pferden gibt es die Dominanzfrage. Das Austesten der Grenzen. Da muss man Spielregeln aufstellen und auf Einhaltung achten. Denn der Faktor Unberechenbarkeit muss immer mitgedacht werden. Sicherheit hat Priorität.

Ich hoffe ja, dass meine Pferde mich genauso sehen wie ich sie. Dass sie die Wertschätzung und Liebe, die ich ihnen entgegenbringe, auch für mich empfinden. Das wünsche ich mir. Dass sie empfinden, was sie mir bedeuten. Das lassen sie mich auch spüren. Zum Beispiel, wenn ich im Sattel die Symbiose wahrnehmen kann, die wir eingehen. Wenn sie entspannt mit mir auf der Stallgasse kommunizieren wie Satchmo, Hannes und Ernie auf unserem Foto gegen Ende dieses Kapitels. Oder wenn sie fröhlich zu mir an den Zaun kommen. Wenn Pferde ihre Verbindung und ihre Zuwendung zeigen, das sind schon die besonderen Momente des Tages. Das berührt mich sehr. Weil ein Pferd wie ein Kind reagiert, so ursprünglich und unverdorben. Tiere sind nicht korrumpierbar, ihr Verhalten uns gegenüber ist immer ehrlich. Wenn ein Tier uns ablehnt, wird es nicht freundlich auf uns zukommen. Und ganz ehrlich: Diese Verbindung zu spüren ist für mich nach wie vor das Wichtigste.

Als jüngerer Mensch war es mein großer Traum, Medaillen zu gewinnen. In der Zwischenzeit habe ich eine ganze Reihe von Medaillen gewonnen, und der sportliche Erfolg ist nur eines meiner Ziele. Ich möchte meine Pferde im Wettkampf optimal präsentieren. Natürlich reizt mich, wenn ich ein Turnier reite, auch der Leistungsvergleich. Ich muss aber, je nach den Voraussetzungen, nicht immer gewinnen. Ich möchte vor allem meinem Anspruch gerecht werden. Es macht mir Spaß zu überraschen. Gemeinsam mit meinem Pferd das Unerwartete doch noch hinzukriegen. Und mit dem Publikum zu kommunizieren. Wenn die Leute derart begeistert sind, dass sie auf der Schlusslinie mitklatschen – das macht einfach Spaß. Und meine Pferde spüren und genießen die Bewunderung genau – wie Akrobaten, die Szenenapplaus bekommen.

Ich weiß nicht, warum gerade Pferde mir so nahestehen. Aber ich weiß, woher meine enge Verbindung zu Tieren allgemein rührt. Ich hatte das Glück, auf dem Bauernhof meiner Eltern am wunderschönen Niederrhein groß zu werden. Wir sind seit Generationen Landwirte, ich habe den Betrieb in Rheinberg von meinem Vater übernommen und voll auf Pferde umgestellt. Mein Vater betrieb lange die klassische Mischwirtschaft, wie es sie heute kaum mehr gibt. Es gab Kühe, Schweine, Hühner, Gänse, Enten, Katzen – und natürlich Pferde. Mein Vater hat sogar noch die Zeit erlebt, als mit Pferden geackert wurde. Wer so lebt, entwickelt ein ganz selbstverständliches Verhältnis zu Tieren. Wenn man nicht die Chance hat, mit Tieren aufzuwachsen, kann man solch enge Beziehungen vielleicht gar nicht aufbauen. Ich habe mein Herz dann ganz besonders an die Pferde gehängt, sie haben mich von Anfang an fasziniert. Es hat mir als Kind Spaß gemacht, mit meinem Pony loszuziehen. Erst später kam der sportliche Gedanke dazu. Das war nicht der Ursprung, der Ursprung war die Liebe zum Tier. Dass sich mein Leben auf diese Weise entwickelt hat, war eine Fügung glücklicher Umstände. Das macht es so rund. Ich habe keinen Job, sondern ich lebe meine Passion. Dass ich damit mein Geld verdienen kann, ist ein Privileg. Um dort hinzukommen, brauchte ich eine Menge Glück. Vor allem das Glück, die richtigen Menschen zur richtigen Zeit in meinem Leben zu haben.

Vorneweg sind das meine Eltern, die mich immer gefördert haben, wofür ich ihnen ewig dankbar sein werde. Und mein Lebenspartner und die ganze Familie, die mich immer unterstützt haben und es bis heute tun. Aber auch außerhalb der Familie bin ich im richtigen Moment auf die richtigen Menschen getroffen. Zunächst auf Dr. Uwe Schulten-Baumer, meinen Entdecker, Förderer und Lehrmeister über sechzehn Jahre. Und auf Madeleine Winter-Schulze, mittlerweile Familienmitglied, Mäzenin und Besitzerin fast all meiner wichtigen Pferde bis heute.

Der Doktor, wie ich Uwe Schulten-Baumer nenne, ist die Schlüsselfigur in meinem Leben. Ohne ihn hätte ich den Zugang zum Spitzensport nicht bekommen. Er lebte in unserer Nachbarschaft und hat mich auf einer Silvesterparty angesprochen, als ich siebzehn Jahre alt war. Er fragte, ob ich einige seiner Pferde reiten wolle. Ich sagte natürlich sofort Ja. Das war mein erster Schritt in die große Dressurwelt. Der Doktor sorgte auch dafür, dass ich nicht nur ein One-Hit-Wonder wurde mit nur einem Spitzenpferd. Er hat mir die Passion für die Ausbildung von Pferden vermittelt, den Sinn für ihre Verschiedenheit und die Fähigkeit, sich in sie hineinzudenken, sie zu entwickeln. Für den Doktor war nichts anderes im Leben so wichtig. Er arbeitete als Stahlmanager, um sich seine Leidenschaft für Pferde leisten zu können. Er war ein Perfektionist, sehr ehrgeizig, ja erfolgsbesessen, und hat das auf mich übertragen. Aber auch die grundsätzliche Begeisterung für das Pferd. Ich könnte mir, genau wie er, mit Freuden den ganzen Tag nur Pferde ansehen und dazu Visionen entwickeln.

Mental waren die sechzehn Jahre mit dem Doktor nicht immer leicht für mich, denn er war kein unkomplizierter Mensch, aber ein großer Pferdemann.

Madeleine und ich haben uns von Anfang an großartig verstanden. Sie ist eine so warmherzige und großzügige Person und hat mich schon zu Zeiten unterstützt, als ich noch beim Doktor war. Deshalb hat es sich geradezu aufgedrängt, dass ich im Übergang zur Selbstständigkeit für zwei Jahre zu ihr gezogen bin. Im Jahr 2001 bin ich mit vier Pferden vom Stall des Doktors in Rheinberg zu ihr und ihrem Mann Dieter nach Mellendorf gegangen – später kam Gigolo als Rentner dazu. Seitdem gehören ihr fast alle meine Turnierpferde, insgesamt dürften es inzwischen etwa zwanzig sein. Sie steht mir unerschütterlich zur Seite, ohne jemals den Anspruch auf Erfolg zu erheben. Heute muss ich sagen: Vom Doktor zu Madeleine, das war genau die richtige Reihenfolge, weil ich ihre unkomplizierte Art umso mehr wertschätzen kann. Unsere gemeinsame Welt ist wirklich ein Idyll.

Aber wir müssen realistisch sein: Das Leben geht weiter, die Dinge entwickeln sich, und es wird langsam Zeit, die Grundkonstruktion meines Unternehmens zu ändern. Ich werde nicht nur älter, sondern der Sport hat sich weiterentwickelt, die ganze Pferdebranche. Ich musste mich darum ernsthaft fragen: Wie geht es in den nächsten zehn Jahren weiter? Das Reiten ist mein Leben, es ist das, was ich am liebsten mache und am besten kann. Und das will ich machen, solange es möglich ist. Ich bin dabei, die Weichen zu stellen für meine nähere Zukunft. So viel sei verraten: Die Professionalisierung meiner IW-Bekleidungskollektion ist schon weit vorangeschritten. Die wichtigste Grundlage meines Handelns wird indessen immer die gleiche bleiben: die Leidenschaft und das Verantwortungsgefühl für das Pferd. Ich werde weiter reiten, ausbilden und unterrichten. Und ich habe auch noch nicht entschieden, wann ich meine Turnierkarriere beenden werde. Anfang 2024 kam ja noch überraschend die wunderbare Stute Wendy zu uns, mit der ich bei den Olympischen Spielen in Paris Gold und Silber gewonnen habe. Und ich habe so vielversprechende junge Pferde im Stall wie Superb, Joshua, Valdiviani, So Unique oder Viva Gold. Ich schaue mir also gelassen an, was die nächsten Jahre bringen werden. Ich kann mir gut vorstellen, auch noch bei den Olympischen Spielen 2028 in Los Angeles am Start zu sein.

Eines steht für mich fest: Egal, wie die Zeiten sich ändern, die traditionelle Reitlehre kann und muss man nicht neu

erfinden. Wir können vieles verfeinern und verbessern, aber die Grundlagen bleiben bestehen. Wer schwimmen will, wird immer Wasser brauchen. Und wer reiten will, muss immer auf die Grundvoraussetzungen eingehen, die ein Pferd mitbringt. Daran hat sich nichts Dramatisches verändert. Die klassische Reitlehre, die auf der Erfahrung von Jahrtausenden beruht, bleibt immer aktuell. Ihre Grundlagen sind auf die heutigen Pferde genauso anwendbar wie auf die früheren. Sie sind das Grundgesetz der Reitausbildung. Die Anwendung dieser Ausbildungskriterien muss individuell angepasst werden, die Pferdeausbildung ist ein dynamischer Prozess. Starre Schablonen darf es nicht geben. Die Zeiten mögen sich zwar ändern, aber das Gute muss bleiben. Das gilt ja nicht nur für die Reiterei.

Das alles zeigt: Wenn man mit Pferden zu tun hat, geht einem der Stoff zum Nachdenken nie aus. Wie viele Nächte habe ich wach gelegen, weil ich die Ursache für ein Problem noch nicht gefunden hatte. Wie viele Gespräche habe ich geführt, wie viel habe ich ausprobiert, verworfen, aus neuer Perspektive noch einmal betrachtet, gegrübelt und nachgeforscht. Fast immer habe ich am Ende die Lösung gefunden, und die Pferde haben es mir gedankt, durch ihre Partnerschaft, ihre Loyalität, ihre Fortschritte und ihre großartigen Leistungen im Sport.

Am meisten aber bekomme ich von ihnen im ganz normalen Alltag zurück. Wenn wieder alles auf mich einstürmt und ich eigentlich sämtliche Aufgaben gleichzeitig erledigen sollte, setze ich mich erst einmal aufs Pferd. Das Mobiltelefon bleibt zurück, die Reizüberflutung ebbt ab, ich konzentriere mich, trete in Zwiesprache mit meinem Pferd und verschwinde in meiner eigenen Welt. In all dem Trubel, der zu meinem Leben gehört, habe ich einen Satz für mich geprägt: Ich geh jetzt reiten, das ist meine Therapie. Wenn dann das Training gut läuft und beide zufrieden sind, sage ich mir: Der Tag ist im Döschen. Da kann mich so schnell nichts mehr aus der Bahn werfen.

WENDY
die Primaballerina

Wenn ich mir die letzte Phase unserer Kür bei den Olympischen Spielen in Paris auf Video ansehe, bekomme ich immer noch Gänsehaut. Die Momente, die ich bei dieser Piaffe-Passage-Performance erlebt habe – das war ein Stück vom vollkommenen Glück. Das Gefühl, auf dieser Stute zu sitzen, war ein solcher Genuss, dass es mich davongetragen hat. Ich konnte nur noch lächeln, und dann habe ich vor lauter Freude mit unserer Kür-Musik mitgesungen: »... Stumblin' in ...« Und das Publikum in Versailles hat im Rhythmus von Wendys Tritten mitgeklatscht. Ohne dass ich im Sattel noch viel machen musste, tanzte dieses Pferd immer weiter, Passage und Piaffen, wie sie besser nicht möglich sind. Ich schwebte wie auf Wolken.

Diese Erfahrung war ein Geschenk. Niemand hatte sechs Monate zuvor ahnen können, dass das Zusammenspiel von uns beiden so schnell so gut werden könnte. Und nun brachte ich eine Mannschaftsgoldmedaille und eine Einzelsilbermedaille nach Hause. Dass ich nach dieser Performance mit vierzehn Medaillen Rekord-Gewinnerin aller deutschen Olympiateilnehmer geworden bin, gibt der Sache noch einen ganz besonderen Touch. Und es folgten noch einige weitere ehrenvolle Auszeichnungen.

In den Monaten vor Paris hatte es genug Leute gegeben, die Zweifel äußerten an unserem olympischen Vorhaben. Die an

Wendy herumkritisierten, weil sie sich in ihr Potential nicht so richtig hineindenken konnten. Man muss bedenken, dass das Pferd erst zehn Jahre alt war, als es im Januar 2024 zu mir kam. Ich hatte Wendy gerade noch rechtzeitig von ihrem bisherigen Reiter Andreas Helgstrand übernehmen können, um die Qualifikation für Paris in Angriff zu nehmen. Und ja, mir war von Anfang an klar, dass sie eine Option für Paris war. Damit formal alle Voraussetzungen stimmten, sprang nun Madeleine Winter-Schulze als Mitbesitzerin ein. Hauptbesitzerin ist aber bis heute die Dänin Bolette Wandt geblieben, die in Frankreich, im Château de Fontaine, eine große Pferdezucht betreibt.

Ich hatte Wendy, mit vollem Namen Wendy de Fontaine, schon länger beobachtet, und die glänzend schwarze Stute hatte mich beeindruckt. Bei Andreas stand sie immer ein wenig im Schatten ihres Stallgefährten Jovian, aber ich fand ihre Dynamik und ihren Bewegungsablauf großartig. Ein überragendes Talent. Als Andreas mich anrief – er und Bolette hatten gemeinsam beschlossen, dass ich sie reiten sollte – war ich also hocherfreut. Andreas ritt sie mir zunächst vor, er zeigte eine Lektion nach der anderen, und dann spulte das Pferd alles ohne Schwierigkeiten ab. Als Nächstes habe ich sie selbst geritten und gespürt, wie hochmotiviert und ehrgeizig sie ist. Da wusste ich es schon: das ist mein Pferd. Es war toll! Übrigens habe ich erst an diesem Tag gemerkt, wie groß sie ist – wirklich riesig, 1,85 Meter Stockmaß. Sie ist eben extrem hochbeinig, eine echte Tänzerin. Unter Andreas, der ziemlich lange Beine hat, war mir das gar nicht so aufgefallen. Unter mir sieht sie nun noch viel größer aus.

Die Aufgabe, die sich mir stellte, war neu für mich. Noch nie hatte ich ein fertig ausgebildetes Pferd übernommen, um es so kurzfristig auf ein solches Großereignis vorzubereiten. Bis auf eine Ausnahme hatte ich bisher alle meine Spitzenpferde selbst ausgebildet – und auch Weihegold kannte ich schon lange, bevor ich sie ganz übernahm, saß immer mal wieder in ihrem Sattel und konnte Einfluss auf ihre Entwicklung nehmen. Ich war angesichts der neuen Aufgabe sehr dankbar für meine lange Erfahrung mit vielen verschiedenen Pferden, die es mir ermöglicht hat, für Wendy sofort einen effektiven Plan aufzustellen. Dadurch konnte ich viele Dinge mit dem kleinstmöglichen Aufwand schnellstmöglich umstellen und verändern. Wendy hatte ja bereits internationales Top-Niveau, war sicher in allen Lektionen. Es ging für mich erst einmal darum, das Pferd kennenzulernen. Und darum, dass sie mich kennenlernte. Und ich habe mir all ihre Möglichkeiten angesehen und nach Ansatzpunkten gesucht, dieses junge Pferd weiterzuentwickeln. Ihre Grundgangarten waren immer super. Das größte Potential sah ich in Piaffe und Passage, die noch ein bisschen zu mechanisch abliefen. Darin habe ich gewissermaßen eine Stellschraube gesehen. Und an dieser Stelle entscheidet es sich auch, ob ein Pferd gut ist – oder Weltklasse. Die Frage war: Konnte ich das so schnell schaffen? Das Kennenlernen und Zusammenwachsen? Konnte ich sie schnell genug weiterentwickeln, um mich überhaupt für Paris zu qualifizieren? Und um, falls ja, dort ihr Potential so zu präsentieren, dass eine gute Platzierung möglich wäre?

Dazu muss ich sagen: Wir sind sehr schnell dicke Freundinnen geworden. Andernfalls wäre eine solch schnelle Entwicklung unmöglich gewesen. Ihre mentalen Gaben, ihre Leistungsbereitschaft, ihr Kopf und ihr Herz sind außerordentlich. Sie ist eine Musterschülerin. Das, gepaart mit meiner Erfahrung, waren eine extrem günstige Konstellation. Dazu kommt, dass sie in keinem Moment ängstlich war, mit keiner Faser. Nichts an ihrer bisherigen Ausbildung wirkte erzwungen oder herausgepresst. Es war an manchen Stellen anders, als ich es gemacht hätte, das ist auch eine Frage des persönlichen Stils. Aber es war alles da, ohne Angst oder besondere Krafteinwirkung.

Lektionen musste ich ihr also nicht mehr beibringen. So habe ich mir in erster Linie Gedanken darüber gemacht, warum sie in Piaffe und Passage ihren Bewegungsablauf noch nicht optimal zur Geltung bringen konnte. Es ging nach meiner Einschätzung darum, dass sie körperlich flexibler wurde. Mit einer höheren Beweglichkeit würde sie mit ihrem großen Ablauf besser zurechtkommen. Ich habe sie also gymnastiziert, gedehnt, gestretcht, bin viele Übergänge geritten, eine klassische Aufgabe. Tatsächlich war es durch diese Maßnahmen möglich, die technisch etwas eingeschränkte Piaffe-Passage-Tour zu öffnen und sie beweglicher und durchschwingender zu machen. Mit großem Erfolg. Ihre Bewegungen haben nun noch mehr von dem Glanz und der Souveränität gewonnen, die immer schon ihn ihr steckten. Ein Highlight für die Zuschauer, und für mich im Sattel ein Vergnügen.

Was unsere Operation Olympia noch spannender machte: Wir mussten uns schon ziemlich bald auf Turnieren zeigen. Ich brauchte ja Erfahrungen und Ergebnisse. Im Februar hatten wir unseren ersten Auftritt beim Drei-Sterne-Turnier in Le Mans für die internationale Grundqualifikation. Dort konnte ich außerdem Wendys Verhalten auf Turnieren kennenlernen. Das Ergebnis war erfreulich: Das Reisen vertrug sie sehr gut. Auch mit dem ungewohnten Stall kam sie bestens zurecht. Lediglich in der Siegerehrung zeigte sie sich etwas nervös.

Dann das Frühjahrs-Turnier im März in Aachen – das war ein Schritt nach vorne. Im Mai Mannheim – ein Riesenschritt nach vorne. Dann ein Rückschlag: Ich sollte zur ersten Olympiaqualifikation bei den deutschen Meisterschaften in Balve starten. Doch Wendy trat sich kurz vorher zuhause ein Eisen ab und zog sich einen Bluterguss am Bein zu. Eigentlich harmlos, aber der Tierarzt sagte, es wäre zu riskant, jetzt bei einem Turnier zu starten. Quantaz musste in Balve für Wendy einspringen. Um den Leistungsnachweis nachzuholen, startete ich Mitte Juni in Rotterdam – wieder ein großer Fortschritt mit der Kür-Premiere. Zwei Wochen später stand beim CHIO in Aachen die endgültige Qualifikation für die deutsche Olympiamannschaft bevor. Wendy und ich gewannen den Grand Prix, den Spécial und die Kür. Es war passiert: Ich hatte mich mit Wendy ein knappes halbes Jahr nach Beginn unserer Zusammenarbeit, nach gerade einmal fünf gemeinsamen Turnieren, für meine siebten Olympischen Spiele qualifiziert. Ich war unheimlich stolz auf uns beide.

Und stolz war auch mein Vater, der schwer krank war, aber alles genau verfolgte. Während des CHIO in Aachen lag er im Krankenhaus und wir telefonierten täglich. Er sagte: Mensch, Mädchen. Und: Meine Güte, was ging die Stute so gut! Er hat ja von Anfang an mit mir mitgefiebert, sich über meine Erfolge gefreut, aber auch in schwierigen Zeiten immer an meiner Seite gestanden. Von Aachen aus habe ich ihn aus dem Krankenhaus heimgeholt. Mein Vater sagte: Es ist genug, ich will nach Hause.

Mein Eindruck ist: Er hatte alles durchschaut und den Ablauf offenbar genau geplant. Wir haben noch über Wendy philosophiert, er war so begeistert von ihr und unserer Entwicklung und stand geistig, obwohl körperlich schwer angeschlagen, immer noch mitten im Leben. Und eine Woche später, wenige Tage vor meiner Abreise ins Trainingslager vor Paris, lebte er nicht mehr. Das war eine sehr intensive Woche. Er war zuhause, die ganze Familie war um ihn versammelt – da begann eine dramatische Veränderung mit ihm, die ganz plötzlich aufzeigte, dass es wirklich zu Ende ging.

Diese Zeit hat für mich vieles relativiert – und ich hatte gleichzeitig die Möglichkeit, meinen Frieden mit dem Tod zu schließen. Ich weiß, dass es wirklich Zeit für ihn war und auch eine Erlösung. Und es ist wirklich so: Ich habe akzeptiert, dass wir sterben müssen, habe gesagt, es ist gut so.

Ich bin also traurig, aber ruhig losgefahren. Nach dem Trainingslager, als meine Mannschaftskollegen nach Versailles fuhren, bin ich am 26. Juli nach Hause zu seiner Beerdigung geflogen. Auf dem Rückflug habe ich im Flieger auf sein Wohl einen Underberg getrunken. In meinem Herzen habe ich ihn mit nach Versailles genommen. Und ich bin sicher, er hat Wendy und mir von oben zugesehen. Er war auf seine Weise mit dabei. Und mit ihm all die Pferdesport-Fans aus seiner Clique, die schon vor ihm gestorben sind.

Dieses Jahr 2024 war schon wegen Wendys Entwicklung hochemotional für mich, aber noch viel stärker wegen meines Vaters. Eine herzzerreißende Zeit, von himmelhochjauchzend bis zu Tode betrübt. Ich glaube, dass man nach einer solchen Erfahrung auch die Momente des Glücks besonders intensiv erlebt. Ich habe diese Olympischen Spiele sehr genossen. Sie waren noch dazu wunderschön. Nicht nur Versailles. Sie waren so kompakt, dass wir viel mehr von den anderen Sportarten mitbekommen haben als bei früheren Spielen. Und dann diese Achterbahn der Gefühle bei der Mannschaftsentscheidung! Jessica von Bredow-Werndl war mit Dalera als Favoritin nach Paris gekommen, aber ausgerechnet im Grand Prix Spécial, in dem die Mannschaftsmedaillen vergeben werden, hatte sie einen schwachen Moment. Frederic Wandres und ich hatten unsere Noten vorgelegt, und als Jessica einritt, sagte er, er habe es ausgerechnet: Für die Goldmedaille bräuchten wir von Jessi eine Note von über 80 Prozentpunkten. Das war erfahrungsgemäß ein erreichbares Ergebnis für die beiden. Doch im Verlauf der Prüfung wurden unsere Zweifel immer größer. Das ging so weit, dass wir unsere Zuschauerplätze bereits vor der Schlussaufstellung verließen, weil es hieß, wir sollten die Pferde für die Siegerehrung holen. Und wirklich: Es wurden keine 80 Prozentpunkte. Es waren 79,954. Ein Herzschlag-Finale. Aber die Note reichte dann doch. Wir hatten gemeinsam das Gold.

Wendy hat sich seitdem verändert. Am Anfang war sie viel introvertierter. Sie hat fleißig ihr Ding gemacht, aber nicht so sehr mit ihrem Umfeld kommuniziert. Nicht etwa: Hallo, hier bin ich. Eher ein bisschen schüchtern. Ich denke, sie hat erst einmal abgewartet. Auch um herauszufinden, wer denn jetzt da oben in ihrem Sattel sitzt, und wer sonst sich so alles um sie kümmert. Inzwischen hat sie sich mir völlig zugewandt. Jetzt, wenn ich in den Stall komme, dreht sie sich um und steht da, an der Tür ihrer Box. Sie ist unheimlich selbstbewusst, ja sogar arrogant geworden, was wieder einmal zeigt, dass Pferde mit ihren Aufgaben wachsen. Sie scheint genau zu wissen, was sie geleistet hat, dass sie etwas Wichtiges und Richtiges gemacht hat. Dass sie in der Truppe jetzt die Primaballerina ist. Durch die Position, die sie sich erworben hat, darf sie nun auch ein paar Starallüren entwickeln. Früher hat sie zum Beispiel in unserer Halle andere Pferde nicht beachtet. Wenn ich jetzt mit ihr Schritt reite, giftet sie andere Pferde schon mal weg. Es macht mir großen Spaß, das zu beobachten, und zu wissen: Kennenlernen und Zusammenwachsen gehen immer weiter. Ich finde ihre Entwicklung super, und ich pflege solche Attitüden auch.

Nach der Hochtrainingsphase in der ersten Jahreshälfte und den Olympischen Spielen hat Wendy erst einmal eine lange Pause vom Sport bekommen. Erst im November sind wir wieder gestartet, beim Turnier in der Stuttgarter Schleyer-Halle. Wir haben beide Weltcup-Prüfungen gewonnen. Das Publikum war ganz aus dem Häuschen. Aber man merkte schon, wie jung sie noch ist, wie voll sie im Saft steht. Wendy ist hochmotiviert, um nicht zu sagen übermotiviert angereist, fand die Atmosphäre superspannend, ist aber trotzdem immer auf ihre Aufgabe fokussiert geblieben. In der Kür ging sie dann so leicht, so unkompliziert und ausdrucksvoll – es war wieder mal eine Freude. Zumal es erst die vierte Kür war, die ich mit Wendy geritten hatte.

Jedes Mal inspiriert und begeistert mich dabei unsere Kür-Musik. An die bin ich ganz beiläufig gekommen. Wir ließen im Training das Radio laufen, und da wurde immer wieder ein Remix von *Stumblin' in* gespielt. Es war eine Zeitlang ein richtiger Ohrwurm. Ich bin erst so halb unbewusst dazu geritten – und plötzlich wusste ich: Das muss meine und Wendys Musik werden für die Piaffe-Passage-Tour. Ich habe Michael Erdmann angerufen, der seit Gigolos Zeiten alle meine Kür-Musiken arrangiert hat, und nannte ihm *Stumblin' In*, aber die Originalversion von Suzi Quatro und Chris Norman – die muss es sein. Als er damit *Mandy* von Barry Manilow kombinieren wollte für die Galopptour, da war ich erst skeptisch. Ich fragte, wird das denn nicht ein bisschen kitschig? Dann schlug er auch noch vor, dass wir es neu einsingen lassen sollten mit der Zeile: »Oh Wendy«. Ich sagte noch einmal: Allzu kitschig darf es aber nicht werden. Doch er hat es super gemacht. So dezent und trotzdem prägnant. Es macht großen Spaß, dazu zu reiten und inspiriert mich jedes Mal wieder.

Und die Musik passt hervorragend zu Wendy, ihrer Schönheit und ihrer Art, so leicht und federnd durch die Prüfung zu tanzen mit ihren langen Beinen. Sie ist ein so herausragendes Pferd. Wenn ich Wendy im Reigen meiner vielen wunderbaren Pferde einordnen soll, muss ich sagen: Sie steht auf einer Stufe mit Bella Rose. Diese Stute fasziniert und inspiriert mich und auch das Publikum, sie öffnet Türen und Herzen. Wer hätte das gedacht – dass ich noch einmal solch ein fantastisches Pferd bekommen würde. Wer hätte nach Gigolo gedacht, dass dann nochmal ein Satchmo kommt. Dass nach Satchmo eine Weihegold kommt, und dieses Pferd sich so eindrucksvoll durchsetzen würde. Dass danach eine Bella kommt. Und jetzt Wendy. Von allen diesen Pferden sprach und spreche ich in Superlativen, und das mit Recht, wie ich finde. Doch welches das ultimativ Beste ist? Ich sage mal so: Mein Urteil gilt immer, bis das nächste Pferd kommt.

Fazit: Wenn Pferd und Reiter dieselbe Leidenschaft teilen, können sie füreinander die Sterne vom Himmel holen.

BELLA ROSE

zum Star geboren

Als Via Bellani, das erste Fohlen von Bella Rose, noch ganz klein war, brachten wir Mutter und Kind tagsüber immer auf die Weide, die direkt vor unserem Wohnzimmerfenster liegt. Wenn ich zu Hause war, konnte ich Mutter und Sohn nach Herzenslust beobachten. Und das tat ich ausgiebig. Was für eine Freude das war! Nicht, dass ich dabei eine neue Bella Rose kennengelernt hätte. Im Gegenteil: Sie hat das Muttersein genau mit derselben Grazie und Souveränität gemeistert wie zuvor ihre Aufgaben im Leistungssport. Aber alles, was ich sah, wirkte vollkommen stimmig. In ihrer aktiven Zeit war sie für mich das perfekte Dressurpferd gewesen. Nun war sie die perfekte Mutter. Es erfreute mich, dieses wunderbare Pferd, meine Bella Rose, in ihrer neuen Rolle zu sehen. Ich sah: Sie war angekommen. Sie war – und ist – ein glückliches Pferd. Wie stolz sie auf ihr Fohlen war! Auf diesen kleinen rötlichen Hengst mit seinen weißen Abzeichen, wie Bella sie selbst hat. Sie passen auch optisch großartig zusammen. Das Bild hat sich gerundet. Kaum war ihre Karriere vorbei, wurde sie Mama. Als hätte alles genau so sein sollen.

Natürlich hatte ich nie einen Zweifel daran, dass Bella eine großartige Mutter sein würde. Obwohl Bedenken ganz normal gewesen wären. Viele Pferde, die aus dem Sport verabschiedet worden sind, brauchen mindestens ein Jahr, um sich im neuen Leben zu akklimatisieren. Aber ich habe gesagt: An diesem Pferd ist kein einziges Haar falsch. Natürlich wird sie ihr Fohlen annehmen und ganz in ihrer Mutterrolle aufgehen. Und so kam es. Mal abgesehen davon, dass sie bereits beim allerersten Versuch tragend wurde. Pünktlich zum Ende ihrer Karriere hatte sie eine deutliche Rosse entwickelt – das leicht erkennbare Zeichen, dass sie sich nun für Hengste interessierte. In all den Jahren zuvor war das ganz anders gewesen, die Rosse verlief fast unmerklich. Es war, als hätte sie genau gewusst, dass ihre Laufbahn im Viereck nun bald vorbei sein würde und es losging mit dem Kinderkriegen. Ihr Kopf schaltete um – und ihr Körper auch. Das war total verrückt. Man macht Pläne mit seinen Pferden. Doch diese Stute hat immer auch ihren eigenen Plan.

Ihre Trächtigkeit verlief völlig problemlos. Und selbst mit dem Geburtstermin nahm sie Rücksicht auf mich. Der errechnete Termin fiel eigentlich genau auf das Weltcupturnier in s'Hertogenbosch, bei dem ich mit Quantaz am Start war. Natürlich hatte ich in ihrer Box eine Kamera installiert und einen Geburtenwächter, ein Gerät, das bei den ersten Anzeichen Alarm gibt. Und so konnte ich vom Turnier aus das Geschehen ständig mitverfolgen. Aber es tat sich noch nichts. Es schien, als hätte sie gewartet, bis ich wieder da war.

Nach einem schönen Tag auf der Wiese ging es los. Abends um neun, also wieder sehr rücksichtsvoll. Die Fruchtblase ging auf, plötzlich schaute ein Beinchen heraus, und ich habe die Tierärztin gerufen, außerdem meinen Vater, der unbedingt schauen musste, ob alles richtig war. Ich wurde ganz nervös – aber die Geburt verlief wie im Bilderbuch. Sie hatte alle richtigen Instinkte, leckte das Fohlen ab und hatte sofort gute Milch. Am nächsten Tag war Bellas Fohlen natürlich gleich die Attraktion auf dem Hof. Alle kamen, um es zu begutachten. Es war schnell an Menschen gewöhnt, wurde zahm wie ein Kätzchen und auch ein richtig selbstbewusster Frechdachs angesichts der allgemeinen Aufmerksamkeit. Es war von

Anfang an sehr groß und statiös, das heißt, dieses junge Pferd stellt richtig etwas dar, was für ein Erstlingsfohlen nicht selbstverständlich ist.

Bella Rose hat mit neunzehn Jahren ein neues Leben angefangen, und ich schaue nun hauptsächlich zu. Natürlich denke ich, wenn sie ganz gelassen auf der Wiese grast, auch immer wieder an unsere frühen Jahre zurück. An den Beginn unserer langen und intensiven Beziehung, die besonders emotionsgeladen war, sehr eng und symbiotisch. Wir sind zusammen durch Höhen und Tiefen gegangen, mein Herzenspferd und ich. Unsere Anfänge waren sensationell. Doch dann mussten wir zusammen eine vierjährige Leidenszeit durchstehen. Ich habe wohl kein anderes Pferd so oft geführt, um festzustellen, ob es gesundheitlich in Ordnung ist. Schließlich wurde sie wieder ganz gesund, und wir holten zusammen Europameistertitel, Weltmeistertitel und gewannen Olympiagold und -silber.

Wenn ich Bella beschreiben soll, fällt mir zuerst der Begriff Würde ein. Dieses Pferd strahlte von Anfang an eine große Würde aus, eine Überlegenheit in ihrem ganzen Wesen. Schon wie sie dasteht, bis heute, so majestätisch. Sie ist charismatisch wie eh und je. Eine Lady. Es gibt Menschen, und ebenfalls Pferde, die bemerkst du kaum, und du fragst hinterher: War der oder die eigentlich da? Andere haben eine besonders starke Aura, sie kommen rein und füllen den Raum. Genau so ist Bella Rose. Wo sie auch auftritt – sofort fahren alle Köpfe herum. Jeder schaut sie an. Und übrigens sind zudem auffallend viele Hengste verrückt nach ihr. Sie ist der geborene Star. Und das mit natürlicher Selbstverständlichkeit.

Gewisse Erinnerungen habe ich so klar vor Augen, dass ich sie malen könnte. Dazu gehört das Bild von unserer ersten Begegnung, eines der absoluten Highlights meines Lebens mit Pferden. Ich sehe mich in Bochum bei der Züchterfamilie Strunk auf die Stallgasse laufen, es ist wieder das Jahr 2007, Bella ist wieder drei Jahre alt. Ich wende meinen Blick nach

rechts in Richtung Reithalle und sehe Bella an der Longe traben. Und schon bin ich wie elektrisiert. Zupp – sträubten sich meine Haare. Bella Rose war wie ein Traumbild, das sich in der Wirklichkeit materialisiert hatte. Ein Stück Vollkommenheit. Ich wusste genau: Das ist mein Pferd. Diese gelassene Eleganz, diese langen Beine, dieser überlegene Bewegungsablauf, diese Ausstrahlung – wow! Und zudem ein bunter Fuchs – ich liebe bunte Füchse.

Ich dachte noch, hoffentlich, hoffentlich habe ich nicht bereits alle Qualitäten gesehen, und es gibt gleich Schwächen im Schritt oder Galopp. Aber dann ging sie in den Galopp. Diese Beine! Ein weiterer Wow-Effekt. Meine damalige Pferdepflegerin Anna, die mich zu den Züchtern begleitete, hat das hinterher so schön beschrieben. Sie sagte, ich habe dich angesehen und sah das Funkeln in deinen Augen. Da wusste ich, was los war. Anna war mit Matthias Bouten befreundet, der zu der Zeit für die Strunks arbeitete. Sie hatte mich überhaupt erst auf Bella Rose aufmerksam gemacht. Nun versuchte ich, meine Begeisterung zu verbergen, weil ich Sorge hatte, der Preis könnte sonst derart hochgehen, dass ich sie nicht bekäme.

Natürlich wussten die Strunks, eine erfahrene Züchterfamilie, sowieso, was für ein tolles Pferd Bella Rose war. Wilhelm Strunk nannte einen fairen Preis für ein bislang kaum angerittenes Pferd dieser Qualität. Ich ging also raus, setzte mich in mein Auto und rief Madeleine an. Allein am Zittern in meiner Stimme merkte sie, wie es um mich stand. Ich sagte ihr: Dieses Pferd muss unbedingt unseres werden. Und sie fragte trocken: Hast du schon gekauft? Das ist so ihr Humor. Ich sagte Nein, ich muss dich doch erst fragen. Dann ging alles ganz schnell. Wir warteten noch die tierärztliche Untersuchung ab. Anschließend war alles klar.

Ein paar Jahre später war ich in die Fernseh-Talkshow von Bettina Böttinger eingeladen, zusammen mit dem Starpianisten Igor Levit. Was witzig war: Er hörte mich von meiner ersten Begegnung mit Bella erzählen und sagte, genau so sei es auch mit ihm und seinem Flügel gewesen, den er in einem Geschäft habe stehen sehen. Das konnte ich gar nicht glauben, schließlich ist ein Flügel kein lebendiges Wesen. Aber wenig später dachte ich, da kann man mal sehen, was Passion bedeutet – Igor brennt für sein Instrument wie ich für Bella. Und was mir überdies gefallen hat: Offenbar sieht er als Künstler auch in mir mehr die Künstlerin als die Sportlerin.

Als Bella Rose zu uns kam – das war wie Weihnachten. Ich hatte noch gar nicht draufgesessen, das habe ich dann ein paar Stunden später nachgeholt. Für das Gefühl, das ich hatte, als ich das erste Mal in ihrem Sattel saß, fehlen mir bis heute die

Worte. Ich war fast ein bisschen beklommen. Alle Erwartungen wurden übertroffen. Ein Pferd mit einer solchen Bewegungsfreiheit und Elastizität hatte ich noch nie geritten. Wie diese Stute mit ihrem Körper umgehen konnte – unglaublich. Gottgegeben.

Je besser ich sie kennenlernte, desto mehr wurde mein erster Eindruck von ihrem Charakter bestätigt. In jeder Situation behielt sie ihre Würde, Gelassenheit und Eleganz. Sie zog mich vollkommen in ihren Bann. Ein Weltpferd. Ich hatte nie auch nur den geringsten Zweifel an ihr. Die einzige Frage, die ich mir stellte, war, wie ich dieses faszinierende Pferd ausbilden wollte. Diese Aufgabe war auf der einen Seite ein Hochgenuss. Andererseits war ihr Temperament eine große Herausforderung. Sie brachte eine solche Gehfreude mit, einen solchen Ehrgeiz, auch das war unglaublich. Am Anfang musste ich froh sein, wenn ich da oben einigermaßen die Kontrolle über das Tempo behielt. Bis sie sechs Jahre alt war, konnte ich nicht mit ihr über die Rennbahn galoppieren, ohne Gefahr zu laufen, dass sie davonstürmte. Aber ich wusste, mit der Zeit würde die Ruhe kommen.

Gehfreude ist etwas Großartiges. Etwas Ähnliches wie Lebensfreude. Ich glaube, diese beiden Gefühle kann man gar nicht voneinander trennen. Auch Menschen, die sich gern bewegen, strahlen etwas Positives aus. Einer, der agil auf dich zukommt, mit elastischen Bewegungen, macht einen ganz anderen Eindruck als einer, der daherschlurft und den Kopf hängen lässt. Man weiß, der agile Mensch oder das agile Pferd ist voller Tatendrang und geht der Zukunft entgegen mit einem Selbstverständnis und einer Überzeugung, dass an bestimmten Dingen kein Zweifel besteht. Solch eine Ausstrahlung überträgt sich. Ich glaube zudem, dass wir uns in dieser Symbiose, die immer enger wurde, gegenseitig inspiriert und bestärkt haben. Wir hatten uns gesucht und gefunden. Dieses eng Vertraute. Diese zu hundert Prozent fließende Energie.

Diese Unbeirrbarkeit. So eine Nähe von der ersten Sekunde an hat man ja nur mit ganz wenigen Pferden und mit ganz wenigen Menschen. In den meisten Beziehungen muss sich das Vertrauen erst entwickeln, das ist ganz normal, aber bei uns war es einfach da.

Ich bin davon überzeugt, dass ein Pferd mir auch vom Charakter entsprechen muss, damit solch ein enges Verhältnis entstehen kann. Und ein solches Vertrauensverhältnis ist letztendlich Voraussetzung für absolute Spitzenleistungen. Mit Satchmo hatte ich solche Momente auch. Oder jetzt mit Joshua, bei dem ich ebenfalls von Anfang an wusste: Das ist mein Pferd. Ich sehe mich in dem jeweiligen Pferd immer auch selbst. Die Art und Weise, mit sich selbst umzugehen, muss sich gegenseitig bedingen. Ganz mühelos ging das mit Bella. Ich musste mich dafür aber ganz auf sie einlassen. Sie hat mit jeder Faser gespürt, wie ich gerade drauf war, ich sollte tunlichst nicht hektisch sein, nicht genervt oder gar wütend. Das spiegelte sie sofort.

Bella war nicht nur im Training oder im Viereck derart souverän. Auch im alltäglichen Umgang im Stall. Natürlich wirkte sich auf dem Turnier manchmal die allgemeine Unruhe auf sie aus. Aber im Stall wird sie üblicherweise nicht nervös. Sie würde auch nie nach anderen Pferden oder gar nach Menschen ausschlagen. Sie ist ganz fein. Sie lässt sich im normalen Umgang durch nichts irritieren. Sie war heiß, wenn es um Leistung ging. Ansonsten war und ist sie ein ausgesprochen vornehmes Pferd.

Natürlich hat man bei Pferden, die einen so ausgeprägten Bewegungsablauf und so viel Vorwärtsdrang haben wie Bella, eine gewisse Sorge, ihr Körper könnte dadurch überlastet werden. Gleichermaßen helfen die Bewegungsfreiheit, die Elastizität und die Gehfreude solcher Pferde, dass sie sich nicht verbrauchen. Zumal ihnen das Lernen selbst der schweren Lektionen derart leichtfällt. Die Bewegung kommt aus dem Talent, dem Potenzial, dem Körper und muss nicht aufwendig erarbeitet werden. Ein drahtiges und schnelles Pferd wie Bella Rose wird es immer leichter haben als ein Pferd mit einem längeren, langsameren Schwung wie etwa El Santo, der mit seiner Leistungsbereitschaft gewisse Defizite ausgleichen konnte. Bei ihm musste ich Schnelligkeit, Schnellkraft in die Bewegung bringen – bei Bella musste ich Ruhe reinbringen. Ich musste sie bremsen. Weniger abfragen, weil sie so viel angeboten hat. Ich wusste stets, dass bei ihr noch ein Extra drin wäre. Und dabei ist ihr besonderes Temperament, ihre ausgeprägte Gehfreude nie, auch nicht eine Sekunde, in Widerstand umgeschlagen. Sie war nie überspannt, sie hat nie zum Ausdruck gebracht, ich kann nicht oder ich will nicht. Es gab nicht einen einzigen Moment, an dem ich sagte, jetzt muss ich aber vorsichtig sein in der Piaffe, damit sie mir nicht überdreht oder gar aussteigt. Nicht eine einzige Sekunde. Das ist nicht allein Loyalität. Das ist die Leistungseinstellung. Ähnlich war das auch bei Gigolo. Solche Pferde gehen unbeirrt ihren Weg. Sie sagen, jawoll, das ist meine Passion, das ist das, was ich kann und was ich will. Körper und Geist waren immer eins bei Bella Rose. Sie wollte alles lernen und präsentieren, und es ist ihr letztlich zugeflogen. Wenn sie mal einen Fehler machte, dann höchstens, weil sie überehrgeizig war.

Bella Rose zu reiten war ein solcher Genuss, dass ich gelegentlich Zeit und Raum um mich herum vergaß. Und mitunter die vorgeschriebene Aufgabe. Das passierte mir einmal sogar bei den deutschen Meisterschaften in Balve. Ich war so sehr auf sie konzentriert, dass ich in die falsche Richtung abwendete. Als der Chefrichter läutete, wurde ich jäh in meinem Flow unterbrochen. Etwas Ähnliches war mir schon ganz am Anfang von Bellas Karriere passiert, in Ankum, bei einer Intermédiaire 2, der Vorstufe zum Grand Prix. Ich hatte mich verritten, ich hätte wohl noch etwas länger Schritt reiten sollen, und plötzlich hörte ich die Glocke. Ich war nicht etwa wütend auf mich wegen meines dummen Fehlers, sondern

auf den Chefrichter, der sich unterstanden hatte, so kleinkariert zu sein und die Prüfung zu stören. Das war irrwitzig, ich dachte, wie kann einer nur so profan sein, so gefühllos, diese Andacht zu unterbrechen. Hat er denn gar keinen Respekt vor diesem Pferd? In dem Augenblick war ich ganz und gar auf Bella Rose fixiert, sodass ich völlig abgeschaltet hatte.

Häufiges Thema der Kritik waren bei Bella die Trabverstärkungen. Die wurden im Laufe der Jahre immer besser, weil sie sich mehr Zeit für die einzelnen Tritte nahm und nicht mehr im Übereifer losrannte. Das Tragen und das Durchschwingen haben sich sehr verbessert. Aber es stimmt natürlich auch, dass Bella und ich gerade im starken Trab noch ganz andere Entwicklungsschritte hätten machen können, hätte sie nicht fast vier Jahre Sport durch ihre Verletzung verloren. Dieser Bruch im Ausbildungsprozess ließ sich nicht mehr ausgleichen. Auf keinen Fall wollte ich sie nach der langen Auszeit überstrapazieren. Ich habe gut daran getan, mich mit der Fülle zufriedenzugeben, die sie mir anbot.

Unser erstes großes Championat war leider für lange Zeit unser letztes: Bei den Weltreiterspielen 2014 in Caen gewannen wir unseren ersten Titel, wir wurden Weltmeister mit der Mannschaft. Doch bereits im Grand Prix, bei dem dieser Titel vergeben wurde, nahm das Unglück seinen Lauf. Wir mussten schon morgens um acht als erstes Paar ins Viereck. Das heißt, ich hatte nicht genügend Zeit, um dieses temperamentvolle Pferd auf die Prüfung vorzubereiten. Es regnete, war kalt und ungemütlich. Und als wir zum Platz kamen, waren auf dem Viereck noch dröhnend die Trecker unterwegs, um den Boden zu bereiten. Wie sollte ich mein Pferd da in Ruhe vorbereiten? Trotzdem gelang uns eine sehr gute Prüfung, obwohl ich im letzten Starken Trab irgendwie das Gefühl hatte, dass sie entgegen ihrer Gewohnheit nicht mehr voll durchzog.

Um mein Bauchgefühl zu beruhigen, trabte ich sie am Nachmittag noch einmal vor. Leider bestätigte sich mein Gefühl, sie ging lahm. Die Diagnose fiel erst nicht so tragisch aus: Entzündung der Huflederhaut. Wir fuhren trotzdem umgehend nach Hause. Im folgenden Herbst konnten wir dann beim Turnier in Stuttgart wieder an den Start gehen. Doch eines Tages im Winter lahmte sie aufs Neue. Es begann eine lange Zeit der Ungewissheit. Sie wurde den Schmerz nicht los, aber wir fanden lange die Ursache nicht. Aufwendige Untersuchungen ergaben schließlich: Sie hatte einen Knochendefekt. Eine ernste Sache, die viel Geduld und mehrere Eingriffe erforderte. Aber die Prognose war gut. Es gab keinen Grund anzunehmen, dass sie nicht eines Tages in den Sport würde zurückkehren können.

Allerdings konnte Bella erst Anfang 2018 wieder voll belastet werden. Die Rückkehr ins Training war nicht ganz einfach. Sie war eine vorbildliche Patientin gewesen. Nun jedoch erwachte von einem Moment auf den nächsten ihre alte Ungeduld. Als sie anfing, wieder ohne Schmerzen zu gehen, konnte ich sie manchmal kaum mehr führen. Sie wollte los und richtig Gas geben. Das war ein echtes Problem, denn ich musste sie ja ganz behutsam wieder aufbauen und dafür sorgen, dass sie sich nicht selbst gefährdete. Sie benahm sich so, als wollte sie nun alles in der langen Pause Versäumte im Zeitraffer nachholen. Unsere Entwicklungskurve in der Folge war beispiellos. Im Juli in Wattens hatten wir unseren ersten Auftritt nach der Pause. Der fiel ein bisschen wackelig aus, weil Bella Rose noch nicht wieder ihre alte Kraft zurückgewonnen hatte. Ich habe wirklich die Luft angehalten – und geheult wie ein Schlosshund. Doch zwei Monate später, im September in Tryon in den USA, wurden wir Weltmeister. Über diese kurze Zeitspanne habe ich sie peu à peu bis zu ihrem Optimum aufgebaut. Ich bin sehr stolz, dass uns das gelungen ist.

Diese Wiederauferstehung in Tryon war wahrscheinlich der großartigste Moment, den ich mit ihr zusammen erlebt habe. Einmal von den Glücksgefühlen, die man bei der Arbeit zu Hause erleben kann, abgesehen. Aber es war natürlich ein ganz besonderes Erlebnis, als wir in Tryon ankamen. Alle beobachteten uns und waren fasziniert von Bella Rose. Es kamen sogar einzelne Leute von der Konkurrenz und bedankten sich, dass sie das alles miterleben durften. Und ich? Ich konnte gar nicht glauben, dass ich es wirklich geschafft hatte, mit Bella Rose hier zu sein. Und Bella schien genauso zu empfinden wie ich. Natürlich war sie heiß und die Prüfung extrem anstrengend. Es hatte geregnet, und die Luftfeuchtigkeit war sehr hoch. Es war, als ritte man in der Dampfsauna. Doch sie ging wie immer unbeirrt ihren Weg. Ich werde das nie vergessen: Im Grand Prix Special erlebte ich einen perfekten Moment. Ich ritt um die Kurve im versammelten Schritt, danach piaffierte Bella an – so ein Gefühl hatte ich nie zuvor gehabt. Ich komme um die Kurve, und das Pferd macht genau im richtigen Moment an der richtigen Stelle den ersten Piaffen-Tritt für die Höchstnote 10. Das war unglaublich.

Bei dieser WM in Tryon begann endlich Bellas verdienter Siegeszug: Wir gewannen Gold mit der Mannschaft und im Grand Prix Special und hätten vermutlich noch einen weiteren Titel geholt – wäre die Kür nicht wegen eines Sturms und starken Regens ausgefallen. Im folgenden Jahr bei den Europameisterschaften in Rotterdam gewannen wir drei Goldmedaillen. Und die Olympischen Spiele in Tokio, die wegen Corona von 2020 auf 2021 verlegt worden waren, wurden zum krönenden Abschluss: Noch einmal Gold und Silber. Eigentlich wollte ich Bella im gleichen Jahr vom Sport verabschieden, doch sie bekam eine Kolik, sodass ich die Zeremonie um ein Jahr verschieben musste.

Als ich sie 2022 im Rahmen des CHIO in Aachen verabschiedet habe, war Bella Rose körperlich topfit. Wir sind noch einmal die Olympiakür von 2021 geritten, und mit unserer Leistung hätten wir ohne Weiteres noch einmal an den offiziellen Wettbewerben in Aachen teilnehmen können. Ich war sehr glücklich mit dieser Verabschiedung. Die Zuschauer bekamen vorher weiße Taschentücher vom Veranstalter, und am Ende winkten alle Bella Rose zum Abschied zu. Ich wollte, dass sie sich ein weiteres Mal in ihrer alten Strahlkraft präsentiert, und dadurch ging mir unter der Professionalität die Ergriffenheit ein wenig verloren. Das soll nicht heißen, dass es nicht schön und gelungen gewesen wäre. Aber wenn man bei einem normalen Turnier einreitet, und es ergibt sich ein Problem, kann man immer noch sagen: Nächstes Mal machen wir es besser. Wenn man allerdings das letzte Mal reitet, weiß man, jetzt muss alles sitzen. Das bin ich meinem Pferd schuldig. Das heißt, man kann die Dinge nicht einfach ablaufen und sich selbst tragen lassen.

Der eigentliche, emotionale Abschied hatte für mich deshalb schon bei der Generalprobe am Tag zuvor stattgefunden.

Es waren nur fünf oder sechs Leute da, als ich im leeren Stadion, an dieser Kultstätte des Dressursports, die Kür mit ihr übte, zu der Musik, die so gut zu ihr passt: Freude, schöner Götterfunken. Ich musste so sehr weinen – ich zerfloss förmlich, so schön war diese vorletzte Kür. Die paar Leute, die da waren, haben applaudiert und waren auch ganz ergriffen. Ich war voller Freude. Das Schönste war: Ich war total mit mir und der Situation im Reinen. Was ich damals nicht kommuniziert habe: Weil Bella Rose bereits beim ersten Versuch tragend wurde, war sie bei ihrer Verabschiedung bereits im dritten Monat. Bella Rose zelebrierte noch ein letztes Mal ihre sportliche Klasse und machte sich danach auf den kürzesten Weg in ihr neues Leben als Mutter. Typisch Bella Rose: Sie war schon immer eine Meisterin der eleganten Übergänge.

Fazit: Wer einen geborenen Star im Stall hat wie Bella Rose, der sollte seinem Schicksal dankbar sein und genießen.

QUANTAZ
der Macho

Die Zweierbeziehung zwischen Quantaz und mir ist eine ganz besondere Affäre. Sie hat, gelinde gesagt, etwas Prickelndes. Wir sind sehr eng verbunden, aber wir hatten auch schon eine ernsthafte Beziehungskrise, die darin gipfelte, dass er mich im Dressurviereck, mitten in der Prüfung, an meine Grenzen brachte. Aber, so viel möchte ich jetzt bereits verraten: Wir haben wieder zusammengefunden, und heute harmonieren wir besser denn je.

Es geschah im Sommer 2022, beim letzten Sichtungsturnier für die Weltmeisterschaft in Kronberg. Unsere Beziehung eskalierte, als er in einem Moment seinen Dominanzanspruch ausspielte, in dem ich nichts dagegen tun konnte. Er demonstrierte mir ganz klar, dass er in der Lage war, mich in die Ecke zu drängen – und das vor aller Augen. Der Konflikt hatte sich schon im Vorfeld angebahnt, ich spürte, dass er ein bisschen angesäuert war, deshalb hatte ich versucht, ihn vorsichtig durch die Prüfung zu lavieren. Doch das gelang mir nicht. Sein Verhalten fand seinen Höhepunkt in der Piaffe. Er wollte sich nach links drehen, was er nicht sollte. Ich habe nur eine kleine Korrektur vorgenommen, habe mit dem Zügel rechts eingewirkt, nur ein kleines bisschen, nicht etwa gezogen, sondern bin nur mit der rechten Hand ein bisschen drangeblieben. Es war aber, als hätte er nur darauf gewartet, um mir sagen zu können: Nee, meine Liebe, jetzt wird gemacht, was ich sage. Er hat seine Macht ausgespielt, ist richtiggehend ausgestiegen und machte einen ordentlichen Satz nach vorn. Es war wie ein Showdown, er wollte endgültig klarstellen, dass er hier der Chef im Ring ist. Und ich muss zugeben: Diese Runde ging wirklich an ihn.

Natürlich sucht man als Reiter den Fehler immer bei sich selbst. Aber ich hatte ihn nicht überfordert. Es gab auch kein Missverständnis, das zu dieser Szene geführt hätte. Und es tat ihm nichts weh. Was ich da erlebt habe, war ein cleveres Entziehen, ein Auflehnen gegen meine Autorität. Richtig gekonntes Wissen, wie man so etwas macht. Und das setzte er um. Offensichtlich war er genervt durch ein bestimmtes Training. Ich hatte zuvor eine komplizierte Lektion für die Kür mit ihm eingeübt. Ich hatte aber nichts übertrieben, und er war zu jenem Zeitpunkt auch kein achtjähriger Anfänger mehr, sondern er war zwölf und im Vollbesitz seiner Kräfte. Das war ja genau das Problem. Er war vollkommen davon überzeugt, dass die Zeit gekommen war, nun die Rolle als Chef zu übernehmen. Ein echter Macho eben.

In Kronberg hatte ich das Gefühl, ich komme gar nicht mehr an ihn heran. Die Verzweiflung war viel größer als jeder Ärger über seine Anmaßung. Ich war erst einmal ratlos, und das wenige Wochen vor den Weltmeisterschaften in Herning in Dänemark, wo wir für die deutsche Mannschaft vorgesehen waren. Ich sagte zu unserer Bundestrainerin Monica Theodorescu, wenn du einen anderen hast, den du zur WM mitnehmen willst – damit hätte ich kein Problem. Allerdings hatte sie zu jenem Zeitpunkt ohnehin Schwierigkeiten, eine schlagkräftige Equipe zusammenzubekommen. Darum sagte sie: Nee, wir brauchen dich da. Das müssen wir wieder hinkriegen.

Das war ein extrem schwieriger Moment. Wie sollte ich schnell einen Weg finden, mich mit Quantaz zu einigen? Es war klar, dass dieses ständige Kräftemessen zwischen uns aufhören musste. Es hat keinen Sinn, sich mit ihm auf den

Kampfplatz zu begeben. Auf diese Weise löst man ein solches Problem nicht, sondern macht die Sache nur schlimmer. Letzter Auslöser seines offenen Widerstands war tatsächlich das Kürtraining gewesen. Ich hatte – eigentlich mit ihm zusammen – die Drehung in der Piaffe so weiterentwickelt, dass wir daraus in die Galopp-Pirouette übergehen konnten – und umgekehrt. Ich wollte mit ihm etwas einüben, was noch nie jemand vorher gezeigt hat, und er war absolut dazu in der Lage. Es hatte ihm zunächst einmal großen Spaß gemacht. Die Idee entstand sogar daraus, dass er es mit seiner Kraft und hohen Versammlungsfähigkeit geradezu angeboten hatte: Im Training, zur Gymnastizierung, hatten wir die Abfolge zwischendurch schon längere Zeit ganz spielerisch eingebaut. Am Anfang entspannte er sich dabei sogar. Und das Aussteigen in Kronberg war ja auch der Tatsache geschuldet, dass er sich wie in der Kürlektion drehen wollte, statt einfach eine Piaffe auf der Stelle auszuführen. Aber beim Üben kam er trotzdem immer mehr in Wallung, so sehr, wie ich es vorher von ihm nicht gekannt hatte.

Nach dem Fiasko von Kronberg dachte ich, dass ihm diese Veränderung dann doch zu viel geworden war. Der Prozess war schleichend, und nun hatte der letzte Tropfen das Fass zum Überlaufen gebracht. Ich hatte den Moment nicht richtig eingeschätzt, als es zu viel wurde und Quantaz mir seine Gefolgschaft vollends aufkündigte. Und nach dem es fast unmöglich wurde, diese Schraube wieder zurückzudrehen. Ich wusste, ich musste nun noch einmal ganz von vorne anfangen. Ich fragte mich: Wie soll ich nur den Reset-Knopf finden? Wie soll ich wieder eine vertrauensvolle Partnerschaft mit ihm aufbauen, wie wir sie am Anfang hatten?

Zum ersten Mal sah ich Quantaz, als er acht war. Elisabeth Max-Theurer, die Olympiasiegerin von 1980 aus Österreich, hatte ihn in Hagen unter dem Reiter Ronald Lüders erlebt und fand ihn interessant als Dressurpferd für ihre Tochter Victoria, ebenfalls eine internationale Championatsreiterin. Vici lässt sich von mir im Training betreuen und beim Pferdekauf beraten. Ich habe mir diesen braunen Brandenburger Hengst also in der Prüfung angesehen und war auf Anhieb begeistert, besonders von seinem Talent für Piaffe und Passage. Also fragte ich Ronald, ob Quantaz zu verkaufen sei. Der sagte Nein, jetzt noch nicht, aber vielleicht später. Und schon tat meine einfache Frage ihre Wirkung. Nach zwei sehr gelungenen Prüfungen in Redefin, die er auch gewann, klingelte bei mir das Telefon. Ronald war dran und sagte, die Besitzer wollten nun doch früher verkaufen. Victoria, ihr Lebensgefährte Stefan Lehfellner und ich fuhren zu Ronald nach Mecklenburg-Vorpommern und schauten uns den Hengst an. Ich war total begeistert. Wenn Vici ihn nicht gewollt hätte, dann hätte ich ihn Madeleine zum Kauf vorgeschlagen. Aber sie nahm ihn.

Quantaz kam erst einmal zu mir in den Stall zum Einstimmen, danach zu Vici nach Österreich, doch sie wurde zunächst nicht glücklich mit ihm. Trotz seiner Jugend war Quantaz da schon ein starkes Pferd. Sie hatte zu kämpfen, weil ihr die Kraft fehlte, um mit ihm zurechtzukommen. Auch Stefan hatte ihn geritten, als er bei uns war, und es ging sehr gut, allerdings passte Quantaz optisch nicht zu diesem großen Mann. Also haben sie mich gefragt, ob ich ihn weiter ausbilden würde, und ich habe gesagt, na klar, gern. Es war vereinbart, dass ich bei dem Turnier in Achleiten, das von der Familie Max-Theurer selbst ausgerichtet wird, mit ihm starten würde, und es klappte sehr gut. Danach sollte ich ihn einfach dort lassen. Es war sehr ruhig bei diesem Turnier, denn es war Corona-Zeit, und wir ritten ohne jedes Tamtam im Schlossgarten, ohne Zuschauer, ohne Bandenwerbung, ohne besondere Turnieratmosphäre. Es war fast, als würden wir zu Hause in Rheinberg reiten, fernab von jeglichem Turnierstress.

Vici war sehr stolz auf ihn, sagte aber: Da will ich jetzt nicht hineinfunken. Weil ich in ihm eine Option auch für die ganz großen Prüfungen sah, selbst für die Nationalmannschaft, schlug ich ihr also vor, eine Vereinbarung zu treffen, sodass ich gegenüber dem Dressurausschuss des deutschen Verbandes Planungssicherheit demonstrieren konnte. Madeleine hat diese Abmachung unterstützt.

Und dann begann eine Zeit des ständigen Auf und Ab für uns beide. Von himmelhochjauchzend bis zu Tode betrübt. 2021 gewannen Quantaz und ich den Großen Preis von Aachen, und ich dachte: Das geht ja super. Unsere Kür war fehlerlos, er spielte sein Potenzial schon sehr gut aus und präsentierte sich voller Stolz. Bella Rose und Weihegold hatte ich im selben Jahr verabschiedet, und ich war nun ganz sicher, dass Quantaz die neue Nummer eins in meinem Stall war. Allerdings fand auch dieser CHIO in Aachen nicht mit der üblichen betriebsamen und lauten Atmosphäre statt, weil nach wie vor starke Corona-Beschränkungen herrschten.

Als die Hallensaison mit ihrem Lärm und ihrer Hektik losging, hatte ich große Bedenken, ob ich ihn dort würde einsetzen können. Er war mental, körperlich und konditionell durch das Training noch viel stärker geworden, und ich wusste nicht, was in einem solchen Umfeld passieren würde. Also verzichtete ich fast komplett auf Hallenauftritte – und ich hätte es ganz durchziehen sollen. Doch ich ließ mich breitschlagen, ihn in der engen Halle von Neumünster im Weltcup zu reiten. Ich dachte, das ist kurz vor Saisonende, das ist nicht so dramatisch. Doch dann hat ihn in der Kür die flackernde Bandenwerbung geängstigt, er wollte gar nicht mehr heran. Das war die erste Prüfung, in der es wirklich heikel wurde mit ihm, ich musste mich durch die Lektionen zirkeln, um ja nicht zu viel oder zu wenig zu machen. Dazu kam, dass seit Neumünster die Turniere wieder mit der vollen Zuschauerzahl stattfanden und Quantaz eine Atmosphäre verkraften musste, die er so noch nie erlebt hatte.

Es folgten sehr unterschiedliche Prüfungen, was neu war. Er war zwar immer schon sehr heiß gewesen im Viereck, aber sein Leistungsniveau war konstant geblieben. Vorher waren sein Ehrgeiz und seine Stimmung durchweg positiv gewesen, doch nun musste ich aufpassen, dass das Ganze nicht in einen negativen Spannungsbogen umschlug. Quantaz wurde immer heißer und immer stärker, er war nun ein austrainierter Athlet. Und je stärker er körperlich wurde, desto stärker wurde er auch im Kopf. Es begann eine neue Phase: Er sah in mir eine Zeit lang nicht mehr die Partnerin, sondern eine Sparringspartnerin. Das war mal mehr, mal weniger ausgeprägt. Es war eine neue Aufgabenstellung, die ich nicht nach meinen bisherigen Erkenntnissen lösen könnte. Einfach laufen lassen, und dann in der Bewegung etwas verändern – das ging fast gar nicht. Es war so ein Antesten und mein Versuch, die Lage im Griff zu behalten. Es gibt ja Pferde, die es dreimal versuchen und irgendwann nachgeben. Das konnte ich bei Quantaz vergessen.

In Kronberg fand diese Phase also ihren Höhepunkt. Ich habe in der Zeit zwischen Mitte Juli und der WM Mitte August 2022 wirklich alle Erfahrung dieser Welt gebraucht, um Quantaz wieder zur Kooperation zu bewegen. Ich habe mir gesagt, es hilft mir nicht, gegen seinen Widerstand anzureiten. Also habe ich ihn eine Woche lang nur in den Paddock gestellt und ihn an der Longe gehen lassen. Dann habe ich José Garcia Mena gefragt, meinen Berater aus Andalusien, der mir schon so oft mit seinem Wissen und seiner Intuition geholfen hat: Was würdest du jetzt machen? Er sagte, es hilft nicht, zu sagen, ich mache jetzt keine Piaffen mehr mit ihm. Du musst dich mit dem Thema auseinandersetzen. Er sagte, das Pferd darf keine einzige Piaffe mehr geradeaus gehen. Du machst mit ihm immer nur ein paar wenige Tritte Piaffe, dann gleich eine Schrittpirouette, um Ruhe reinzubringen. Noch eine Schrittpirouette, danach piaffierst du wieder an. Es war etwas ganz Neues. Ich hielt mich genau an Josés Anweisungen. Quantaz ist nicht eine Piaffe anders gegangen, und ich bin bis zur Weltmeisterschaft immer nach einer Schrittpirouette abgestiegen. Damit konnte ich den ganzen Ablauf psychisch entblocken. Ich konnte mich mit der Sache auseinandersetzen, ohne dass das Pferd in Stress geriet. Er musste Stress abbauen, und ich musste verhindern, dass noch einmal ein Fight entsteht. Ich wusste: Diese Auseinandersetzung kann ich nicht gewinnen. Von seiner Seite war Nachgeben nicht mehr vorgesehen. Doch er musste die Lektionen machen. Ich musste ihm ein Angebot machen und sagen, okay, wir sind jetzt auf Augenhöhe. Es war ein neues Zusammenwachsen.

Wütend war ich nie, trotz der Herausforderung. Reiten ist eigentlich Emotion pur. Aber es ist wichtig, im Umgang mit den Pferden die eigenen Emotionen zu kanalisieren. Das hat mir der Doktor eingebläut: Du musst alle deine Sinne zusammenhalten und alle Erfahrung einsetzen, um dich aus einer schwierigen Situation zu befreien. Insofern sind das Reiten und besonders die Pferdeausbildung auch eine Schule der Selbstbeherrschung. In einem solchen Moment zu sagen, wie ich das mal bei Antony gemacht habe, pass auf, mein Lieber, du bekommst jetzt eine Strafe, und dann weißt du wieder, was von dir gefordert ist – das hätte den Widerstand von Quantaz nur weiter angestachelt. Das Ziel war es aber, mit ihm eine neue, bessere Beziehung aufzubauen. Und es war meine Aufgabe, den Schlüssel auch zu diesem Pferd zu finden.

Und wirklich: Wir haben es geschafft. Bei der WM 2022 in Herning konnten wir neu anfangen. Als es im Grand Prix Special um den klassischen Weltmeistertitel ging, haben wir unser bestes Ergebnis erzielt mit dem vierten Platz und waren damit bestes deutsches Paar. Und das nach einer solchen Krise! Ich habe mich sehr darüber gefreut, dass die Niederländerin Dinja van Liere, die vor mir mit Hermes die Bronzemedaille gewonnen hat, zu mir gekommen ist und gesagt hat, sie habe bis zur letzten Sekunde um ihre Medaille gezittert. Am Anfang hätten sie alle gesagt, das schafft die nie. Aber jede Sekunde sei ich näher gekommen. Am Ende fehlte wirklich nur ein Wimpernschlag. Sie sagte, es sei eine solche Inspiration für sie gewesen, das mitzuerleben. Es sei für alle ein Lehrstück gewesen, dass jemand nicht aufgibt und dann noch so viel erreicht. Ich fand es super, dass sie das derart freiheraus zu mir gesagt hat. Und ich bin auch wirklich stolz auf das, was ich mit Quantaz trotz aller Schwierigkeiten erreicht habe.

Man muss sich allerdings klarmachen, wie gefährlich es ist, wenn ein Hengst tatsächlich beschlossen hat, sich nichts mehr sagen zu lassen. In der Natur, die es für ihn so nicht mehr gibt, wäre Quantaz zweifellos ein Anführer geworden, ein mächtiger Leithengst. Er spürte in sich diesen Ruf, seinen Führungsanspruch durchzusetzen. Das mag manchen Leuten imponieren. Im alltäglichen Umgang und im Sport machte er sich mit seinem Dominanzanspruch allerdings das Leben schwer. Das begann schon, wenn er vor dem Turnierstart zur tierärztlichen Kontrolle vorgeführt werden musste. Am Anfang benahm er sich dabei wie ein Oberhengst und stand regelmäßig nur noch auf zwei Beinen. Dabei verfiel er normalerweise nicht etwa in die bekannten Hengst-Unarten, er wieherte nicht, rief nicht, plusterte sich nicht auf. Wenn er geführt werden musste, wurde es jedoch furchtbar. Er rannte stur seinen Weg und biss ständig in die Zügel. Die Person, die ihn führte, befand sich regelmäßig in Gefahr.

Ein paar Wochen nach Herning habe ich also zu Victoria gesagt: Alle Pferde werden mal frech. Aber bei Quantaz ist das kein Übermut. Denke drüber nach: Der Hengst ist nicht im Deckeinsatz, er war nie dafür vorgesehen und wurde nie dafür anerkannt – und er kämpft oft genug mit seinen Hormonen. Du solltest ihn kastrieren lassen. Und das hat sie dann gemacht. Aus vielerlei Gründen. Unter anderem zu seinem Schutz und um ihm das Leben leichter zu machen. Durch die

Kastration und das daraus folgende veränderte Sozialverhalten genießt er seinen Alltag nun ganz entspannt. Zum Beispiel wittert er auf der Nachbarwiese keinen Konkurrenten mehr. Quantaz musste als Hengst wegen seines Dominanzverhaltens viel mehr trainieren. Heute ist auch das Training viel relaxter.

Wer vor einer solchen Entscheidung steht, lässt am besten die Emotionen beiseite und entscheidet rein nach Gründen der Vernunft. Der Eingriff selbst ist nicht dramatisch. Das Pferd wird in Narkose gelegt, dann wird operiert, das Pferd steht auf – fertig. Das wird ja bei vielen Tieren gemacht, Nutztieren und Schoßtieren, Hund und Katze.

Und siehe da: Mein erstes Turnier mit Quantaz nach dem Eingriff war ein Erfolg. Er ist immer noch ein Macho – er hat seine ausgeprägte Persönlichkeit behalten, aber er ist gütiger geworden. Die Stuttgarter Hanns-Martin-Schleyer-Halle war ein Hexenkessel, er blieb jedoch die ganze Zeit konzentriert und engagiert. Er war heiß, aber auf positive Weise. Seine Stärke äußert sich nun in Leichtigkeit und Ausstrahlung. Auch beim folgenden Championat, den Europameisterschaften 2023 in Riesenbeck, zeigte er sich von seiner besten Seite. Er ist noch eigenwillig genug, aber wir haben unseren Weg gefunden, nicht zuletzt durch immer wieder neue Trainingsansätze: Er blieb konzentriert und reagierte super auf meine reiterlichen Hilfen. Insgesamt ist er inzwischen viel durchlässiger und schafft es sogar, in Piaffe und Passage Spannung abzubauen, statt sich wie früher dabei aufzuladen. So konnten wir nicht nur unseren Beitrag leisten zum Gewinn der Silbermedaille mit der Mannschaft. Quantaz machte an allen drei Wettkampftagen keinen Fehler – das einzige Missgeschick ging auf mein Konto. Und als uns in der Kür ein perfekter Übergang von der Galopp-Pirouette in die Piaffe-Pirouette gelang, fing das Publikum an zu raunen, und es gab sogar Szenenapplaus – den einzigen während dieser Europameisterschaft. Aus dem einstigen Konfliktstoff ist nun also wirklich

unsere Bravourlektion geworden. Quantaz war ganz bei mir und spielte fantastisch mit! Es hat unheimlich Spaß gemacht. Man sieht: Unsere Beziehungskrise ist überwunden.

Die Erfahrung lehrt: Hengste, die zu Wallachen gemacht werden, gewinnen innere Ruhe und ein stabileres inneres Standing. Wie immer zählen individuelle Eigenschaften mehr als alle Lehrsätze: Es gibt auch Hengste, die völlig unproblematisch im Umgang sind. Andere werden nicht kastriert, weil sie als Deckhengste eingesetzt werden und dadurch ihren Besitzern viel Geld einbringen. Solche Vatertiere ernähren oft ganze Besitzerfamilien. Das kam bei Quantaz nie infrage, die Laufbahn als Zuchthengst war für ihn von Anfang an nicht vorgesehen, er wurde nie bei einer Körung vorgestellt. Er sollte immer nur ein Weltklassesportler werden. Deckhengste wie Glamourdale, Hermes oder Franziskus sind erfolgreich in der internationalen Dressur, doch dahinter steckt ein ganz besonderes Management durch die Spezialisten der Hengststationen. Es gilt, für jedes Pferd die richtige Wahl zu treffen.

Nun steht Quantaz regelmäßig in seinem Paddock, schaut sich die anderen Pferde an, die um ihn herum grasen, und ist zufrieden. Er lässt sich führen, steht nicht mehr plötzlich auf zwei Beinen und ärgert weder seine Pflegerin noch seine Artgenossen. Ich weiß, dass Außenstehende, vor allem Männer, ein irrationales Problem damit haben, dass man Tiere kastriert. Aber man sollte es mit den Parallelen zwischen Mensch und Tier nicht übertreiben. Es ist klar, dass das Leben von Quantaz durch den Eingriff nicht vergällt, sondern verschönert wurde. Quantaz ist heute ein glücklicheres Pferd.

Fazit: Wer einen Macho wie Quantaz im Stall hat, der sollte seine Gefühle bezähmen und Machtproben meiden.

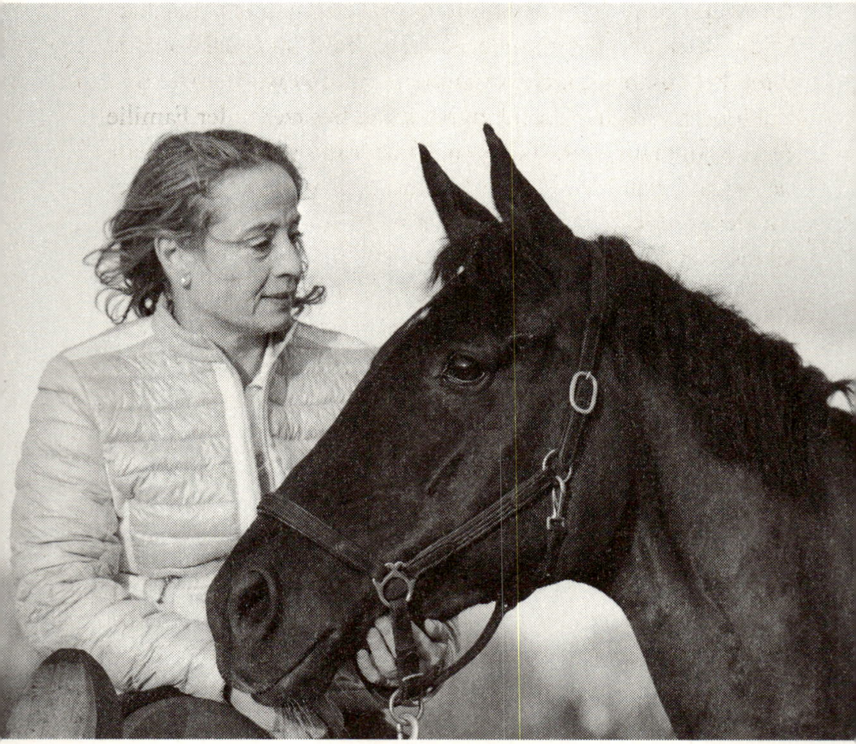

WEIHEGOLD
der Vollprofi

An Weihegold denke ich mit Begeisterung und Dankbarkeit – aber auch mit ein bisschen Wehmut. Auch weil sie ihren Lebensabend nicht zusammen mit meinen Rentnern in Rheinberg verbringt, sondern bei ihren Besitzern, der Familie Arns-Krogmann, im Oldenburger Münsterland. Ich besuche sie, wann immer ich Zeit finde, und es geht ihr gut, das weiß ich sicher, doch ich habe sie eben nicht ständig im Blick wie all die anderen.

Ich war stets fasziniert von Weihegolds großartiger Einstellung im Sport. Manchmal drückt mich aber mein Gewissen dieser tollen schwarzen Stute gegenüber, weil ich ihr in meinem Herzen zu ihrer besten Phase nicht den gleichen Raum zugestanden habe wie Bella Rose, die zur gleichen Zeit aktiv – beziehungsweise verletzt – war. Bella habe ich immer an erste Stelle gesetzt in meinem emotionalen Überschwang. Weihegolds unglaubliche Zuverlässigkeit, ihre Ehrlichkeit, ihre Hingabe und ihre Fähigkeit, über sich hinauszuwachsen, waren indessen ganz exzeptionell. Sie hätte jederzeit ihr letztes Hemd für mich gegeben, und sie war immer zu allem bereit, wenn ich sie brauchte. Ich will die Dinge nicht überinterpretieren, aber ich glaube, sie hat gespürt, dass sie im Schatten von Bella stand. Und ich glaube, sie hat mir so viel gegeben, weil sie mir zeigen wollte: Ich bin doch eigentlich viel mehr für dich da. Dieser Gedanke berührt mich tief.

Es war ein außerordentlicher Glücksfall für mich, Weihegold gehabt zu haben. Dass ihr ein anderes Pferd die Schau stehlen könnte – das wäre ihr in keinem anderen Dressurstall passiert, weil es neben ihr wohl nirgendwo vergleichbar übermächtige Konkurrenz gegeben hätte. Mitunter dachte ich auch damals schon: Weihegold ringt derart um deine Liebe, sie gibt alles, und du bist immer noch unverrückbar auf Bella fixiert, das ist eigentlich ungerecht. Aber so war es nun mal zu jener Zeit. Die Liebe ist wahrscheinlich nie gerecht.

Was ich Weihegold hoch anrechne: Es gab keinen einzigen Moment, in dem dieses Pferd sich als nachtragend erwiesen hätte. Und das ist nicht selbstverständlich: Andere Pferde werden schon einmal unkonzentriert, und es fehlt die letzte Zuverlässigkeit, wenn sie merken, dass sie in der internen Rangfolge nicht auf Platz eins stehen. Aber Weihegold? Die Zuverlässigkeit in Person.

Dabei hatte ich großes Glück, Weihegold überhaupt reiten zu dürfen. Immer wieder wurde ihren Besitzern, der Familie Arns-Krogmann, viel Geld für sie geboten. Wir sprechen hier von siebenstelligen Summen. Das ist eine große Verlockung für einen Pferdebesitzer, der zu Hause eine große Familie und einen Hof hat. Doch es gelang uns nach längeren Verhandlungen trotzdem, das Pferd mittels eines Leasingmodells an uns zu binden – mithilfe eines Konzepts, getragen durch Madeleine, die Rheinberger-Stiftung und den deutschen Dressurausschuss. Gehört hat sie Madeleine also nie, anders als die meisten meiner Turnierpferde.

Ich meine, Weihegold war nicht das perfekte Dressurpferd. Aber in ihren besten Jahren hat sie irgendwann alle geschlagen. Auch Dalera mit Jessica von Bredow-Werndl und Valegro mit Charlotte Dujardin, immerhin zwei international dominante Paare. Mit ihr wurde ich Mannschafts-Olympiasiegerin 2016 in Rio, dreifache Europameisterin und habe dreimal nacheinander den Weltcup gewonnen. Das alles konnte

Weihegold erreichen, weil sie in der Lage war, alles zu geben, was sie hatte. Was für ein Ehrgeiz, was für eine Willenskraft, was für eine Leistungsbereitschaft! Das ging so weit, dass sie im Training mehr anbot, als ihr gutgetan hätte. Ich musste also aufpassen, dass ich sie nicht überforderte. Wohl dem, der ein Pferd findet, das ihm dermaßen viel geben will. Aber solch ein Glückspilz muss lernen, Maß zu halten.

Ich denke, meine emotionale Bindung an sie wäre anfangs noch größer gewesen, wenn ich sie von der Pike auf selbst hätte ausbilden können, wie ich das fast immer mache. Die erste Zeit wurde sie von meiner damaligen Bereiterin Beatrice Buchwald geritten und auf Turnieren vorgestellt und nur gelegentlich von mir. Und auch wenn ich Weihegolds Ausbildung aufmerksam begleitet habe, so haben wir doch die allererste Phase des Zusammenwachsens versäumt, und vielleicht kann man das tatsächlich emotional nie mehr nachholen. Es ist wie mit den Beziehungen zwischen Menschen. Wenn man mit ihnen zusammen aufgewachsen ist, entsteht eine andere Bindung, als wenn jemand später hinzugekommen ist. Man kann auch dann harmonieren und einander vertrauen, aber gewisse Weichenstellungen hat man einfach nicht gemeinsam erlebt. Dafür haben Weihegold und ich eine andere, unverwüstliche Gemeinsamkeit. Wir essen beide für unser Leben gern. Und wir sind leider beide gute Futterverwerter.

Wenn Weihegold irgendetwas nicht frisst, stimmt etwas nicht. Sie mag alles, Heu, Kraftfutter, Äpfel, Mohrrüben, Bananen, wirklich alles, und lässt keine Mahlzeit aus. Leider neigte sie stets dazu, ruckzuck ein Bäuchlein auszubilden. Hätte ich ihr in ihren langen Turnierpausen so viel Futter gegeben, wie sie Appetit hatte, wäre ihr das nicht gut bekommen. Denn so viel Training, wie es gebraucht hätte, damit sie ihre Figur behalten hätte, wäre nicht gut für ihre Beine gewesen. Und allzu schwer durfte sie nicht werden, sie sollte im Viereck ja nicht viel herumschleppen müssen.

Nach ihren Turnierpausen standen wir also regelmäßig vor der Herausforderung, ihr hier und da ein Kilo abzuzwacken, ohne sie zu überfordern. Wenn sie abnehmen musste, dann versuchten wir, es ihr möglichst leicht zu machen. Wir verschafften ihr Abwechslung mit langen Spaziergängen, Aufenthalten im Paddock und kontrolliert auch auf der Weide. Sie stand in ihrer Box ohnehin auf Spänen, damit sie sich nicht mit Stroh vollstopfen konnte. Wenn sie Heu bekam, verstreuten wir die Halme hier und dort, damit sie es sich zusammensuchen musste und Beschäftigung hatte. So bewegte sie sich dann durch ihre Box wie ein Trüffelschweinchen. Ihr vierundzwanzig Stunden lang Zugang zu Futter zu geben wäre keine Option gewesen. Wir hätten sie aus der Box herausrollen müssen. Zum Glück erlangte sie ihre Figur immer rasch wieder, wenn wir uns Richtung Turnier bewegten. Und nach ein oder zwei Turnierauftritten war die Form wiederhergestellt. Heute, im Ruhestand, darf sie auf ihrer Wiese endlich nach Herzenslust fressen.

Obwohl wir nicht von Tag eins an Partner waren, sind wir doch im Laufe der Zeit ein eingeschworenes Team geworden. Das war das Geheimnis unserer Erfolge. So konnten wir in ihrer Hochzeit jedem Angriff trotzen. Das beste Beispiel sind die Europameisterschaften 2017 in Göteborg. Wir sind dort zwar als Favoriten gestartet, aber alle sagten: Das bessere Pferd ist eigentlich Cosmo mit Sönke Rothenberger im Sattel. Sönke war wild entschlossen, uns vom Thron zu stoßen. Und wenn Cosmo fehlerfrei gehen würde, hieß es, dann hätten wir überhaupt keine Chance auf einen Einzeltitel. Es wurde gesagt, Weihegold verfüge nicht über genug Mitteltrab und so weiter. In diesem Punkt konnte sie vielleicht nicht mit Cosmo mithalten, aber sie spielte ihre Stärken voll aus, sodass wir mit ein paar Bruchteilen hinter dem Komma trotzdem gewannen.

Am besten hat Monika Theodorescu, die selbst internationale Topreiterin war und danach Bundestrainerin wurde,

Weihegolds Qualitäten einmal beschrieben. Sie sagte zum Zeitpunkt von Weihegolds Leistungshöhepunkt: Es gibt momentan kein Pferd, das die klassischen Anforderungen des Grand Prix besser erfüllt als diese Stute. Damit sind Passage, Piaffe und Pirouetten gemeint. Und wirklich, das waren Weihegolds absolute Highlights.

Zu Hause, zwischen den Turnieren, trabte sie herum wie ein Schulpferd, und niemand Fremdes wäre auf die Idee gekommen, dass sie demnächst wieder im Grand Prix eine Note über 80 Prozentpunkten erreichen würde. Ich habe sie zwischen den Turnieren nur ganz gemütlich Schritt, Trab und Galopp geritten und immer aufgehört, wenn sie zu heiß wurde, was regelmäßig passierte, denn ihr Ehrgeiz war extrem leicht zu wecken. Sie war zwar stets unheimlich lieb und ehrlich und unkompliziert und ist es heute noch, aber sehr temperamentvoll und im entscheidenden Moment eben hoch motiviert. Sie konnte dann total aufdrehen, was ich nicht provozieren wollte. Denn ich konnte sie in solchem Zustand nicht mehr so leicht beruhigen, und ich hätte sie sehr viel reiten müssen, um sie wieder zu entspannen. Stattdessen liefen wir auf Sparflamme, bis die Vorbereitung auf das nächste Turnier anstand. Kaum machte ich im Training drei Runden mehr mit ihr als üblich, gingen bei Weihegold auch schon die Lichter an, und sie wurde heiß auf Leistung. Es war, als würde sie einen Schalter umlegen. Wie das ein Berufssportler oder ein Filmstar können muss. Ich sage immer, sie war in ihrer aktiven Zeit ein Vollprofi. Auf einmal war sie hellwach, weil sie genau wusste, jetzt geht es wieder los. Unglaublich. Das ist natürlich auch eine Frage der Intelligenz. Weihegold ist zu allem Überfluss schlau. Und wenn es sein musste, wurde sie zum Workaholic.

Weihegold liebte es, sich dem Publikum zu zeigen. Sie war ein richtiges Showpferd. Sie hat einen wunderschönen Kopf, mit dem sie die Zuschauer bezaubert. Und was dazukommt: Man wird noch schöner, wenn man den Leuten gefällt. Wenn sie in die Kameras der Fotografen geschaut hat, sah sie immer wunderbar aus, ein fotogenes Pferd. Im Viereck haben wir ihre Stärken regelrecht zelebriert, gerade in der Kür. Ihre Schlusslinie wurde legendär, ich spürte genau, wie Weihegold diese Momente genoss, in denen sie vor dem begeisterten Publikum strahlen konnte.

Zum Olympiapferd war Weihegold ganz kurzfristig geworden. Erst als im Jahr 2016 sowohl Bella Rose als auch Don Johnson verletzt waren, beschloss ich, sie für Rio de Janeiro überhaupt ins Auge zu fassen. Und siehe da: Bei ihrer ersten Kür in Amsterdam gelang uns ein Durchbruch. In der Qualifikation, dem Grand Prix, waren wir noch Sechste. Und die Kür haben wir gewonnen. Da wusste ich es: Weihegold war mein Pferd für die Olympischen Spiele 2016 in Rio. Und die deutsche Mannschaftsleitung wusste es auch.

So kam es, dass ich im Sattel von Weihegold 2016 zur erfolgreichsten Turnierreiterin der Welt wurde: Ich gewann mit der Mannschaft meine sechste olympische Goldmedaille, und das mit dem besten Ergebnis des Tages, noch vor Charlotte Dujardin und Valegro. Es war ein ganz besonderes Olympia für mich, weil ich es so entspannt hatte angehen können. Ich hatte ja nur ein paar Monate Zeit gehabt, um Weihegold auf die Spiele vorzubereiten, und wir hatten nichts zu verlieren. Ganz nach dem Motto: Hoppla, jetzt kommen wir! Valegro war ohnehin der große Favorit. Meine Vorfreude auf diese Spiele war riesig, und der Wettkampf war sehr spannend. Wir waren eine vom Alter her ganz gemischte, wirklich starke Mannschaft mit Kristina Sprehe und Desperados, Dorothee Schneider mit Showtime und Sönke Rothenberger mit Cosmo. Das war geballte Qualität.

Was ich Weihegold auch verdanke: In Rio hatte ich das Gefühl, als ob auf einmal die ganze Szene, die ja eigentlich eher von Konkurrenzdenken geprägt ist, mir Respekt zollte. Solche Akzeptanz hatte ich zuvor trotz meiner vielen Erfolge nie registriert. Ich nehme an, das lag daran, dass ich nach all den Schwierigkeiten, die hinter mir lagen, mit siebenundvierzig Jahren noch einmal wiedergekommen war. Nach dem überwältigenden Erfolg mit Gigolo und nach seinem Abschied. Nach den Spielen von 2008, als die Goldmedaille zum Greifen nahe war und mir durch Satchmos Anwandlungen aus den Händen glitt. Nach den Spielen 2012 in London, bei denen ich nicht einmal zur Mannschaft gehörte. Und jetzt doch wieder auf dem Podest – mit Weihegold. Das war schon eine große Freude.

Weihegold hatte von Anfang an das außergewöhnliche Talent, ihr Hinterbein an der richtigen Stelle einzusetzen, was zu einer großen Versammlungsfähigkeit führt. Ihre Begabung dazu war wirklich faszinierend. Aber die Grundbewegungen und ihre Verstärkungen, der Schub nach vorne, waren nicht so brillant wie bei manch anderem Toppferd. Trotzdem habe ich zum Beispiel nie intensiv mit ihr an der Trabverstärkung gearbeitet. Es hätte uns nicht weitergebracht, allenfalls die Stute überfordert. Ihre Vorderpartie war nun mal nicht ebenso ausgeprägt wie die Hinterpartie. Das ist natürlich Mäkeln auf ganz hohem Niveau, wie nicht nur unsere gemeinsamen Erfolge im Spitzensport zeigen. Dieses Pferd hat – schon mit ihren ersten Reitern und dann mit mir – eine Bilderbuchlaufbahn hingelegt von den ersten Nachwuchsprüfungen bis zum olympischen Toplevel. Ich bin stolz darauf, mit ihr gemeinsam ein solches Niveau erreicht zu haben – und das, ohne dass sie jemals nennenswert verletzt war.

Ich musste, um sie so gesund zu erhalten, nicht nur stets ein Gleichgewicht zwischen Weihegolds großer Leistungsbereitschaft und ihrer Belastbarkeit finden. Es war noch ein weiterer Balanceakt nötig: Weil sie regelmäßig einmal im Jahr im Zuchteinsatz war, mussten ihre Turnierauftritte genau vorgeplant werden. Bei dem Verfahren namens Embryo-Transfer wird einer Stute ein Embryo entnommen und von einer Leihmutter ausgetragen. So kann sie weiter im Sport eingesetzt werden und geht der Zucht trotzdem nicht verloren. Diese Praxis mag nichts für Romantiker sein, ist aber seit vielen Jahren gang und gäbe und zudem sehr praktikabel. Weihegold hat das Verfahren stets sehr gut vertragen, nicht nur körperlich, sondern auch psychisch. Es gibt Pferde, denen die hormonelle Umstellung nicht gut bekommt. Weihegold hatte damit kein Problem. Trotzdem haben wir zunehmend Rücksicht auf diese Prozesse genommen, je älter sie wurde.

Grundsätzlich schlagen bei diesem Thema zwei Herzen in meiner Brust. Man muss sicher sein können, dass das Pferd es gut verkraftet, und das konnte ich bei Weihegold. Ich habe immer die Zeit nach dem Weltcupfinale dafür genutzt, das regelmäßig rund um Ostern stattfindet. Danach konnte ich ihr eine lange Pause geben, etwa drei Monate, bevor die Sommersaison begann. Ich habe nur einmal den Fehler gemacht, sie zu früh einzusetzen, das war bei den deutschen Meisterschaften in Balve. Sie sah aus wie ein ausgeprägtes Muttertier. Ich habe den Versuch dann abgebrochen und bin mit ihr nach Hause gefahren.

Gute Abstimmung ist auch hier alles. Ich konnte das Ganze nur verantworten, weil Weihegold nicht das einzige Spitzenpferd im Stall war. Bella Rose wurde wieder fit, und ich konnte sie außerdem mit Emilio abwechseln lassen. Angenommen, ich wäre als Sportreiterin allein von Weihegold abhängig gewesen – diese Doppelbelastung wäre schwierig geworden. So aber konnte sie sich immer wieder regenerieren, sowohl vom Sport als auch vom Embryonentransfer. Das konnte ich managen. Ich habe sie mit siebzehn Jahren verabschiedet, und zwar topfit auf vier gesunden Beinen. Das war beim Weltcupfinale in Leipzig, eines von vielen unvergesslichen Erlebnissen, die ich zusammen mit Weihegold hatte. Weihegold war wie immer: Sie gab noch einmal alles, selbst wenn wir nicht mehr in der Lage waren zu gewinnen. Und die Menschen haben es

gespürt und sich davon anrühren lassen. Es war ein überwältigender Moment der Freude, einer von so vielen mit dieser treuen Stute, die mich in meinem Reiterleben so großzügig beschenkt hat.

Fazit: Wer einen Vollprofi wie Weihegold im Stall hat, sollte nur aufpassen, dass er den Leistungswillen seines Pferdes nicht überstrapaziert.

82

WEINGART
der Pädagoge

Als ich mit Weingart zu meinem ersten großen internationalen Auftritt ins Dressur-Viereck ritt – das ist eine Ewigkeit her, es war die Europameisterschaft 1989 in Mondorf in Luxemburg –, war ich unglaublich stolz. Ich, die kleine, neunzehn Jahre alte Landpomeranze vom Niederrhein, war auf einmal in der großen weiten Dressurwelt unterwegs. Und das mit der deutschen Mannschaft – dem Team, das damals als für Jahrzehnte unschlagbar galt und natürlich auch diesmal den Titel holte. Alles war unglaublich schnell gegangen, ich hatte kaum Zeit, mir über die Entwicklung klar zu werden. Ich bin reingeritten und habe gedacht, so, jetzt zeigst du der Welt, dass du reiten kannst. Und Weingart unter mir war ebenso stolz wie ich. Da bin ich ganz sicher. Er brauchte die Bestätigung wahrscheinlich sogar dringender als ich. Und damit half er mir bei meinen ersten großen Schritten nach Kräften.

Welch ein Glück, dass unsere Wege sich gekreuzt hatten! Dieses Pferd, das spürte ich genau, hatte seine Aufgabe gesucht und in mir gefunden. Wie wertvoll das Geschenk war, das er mir machte, kann ich heute viel besser ermessen als damals, als ich im großen Sport meine ersten Gehversuche machte. Weingart war nach einer zeitweise frustrierenden Reise ausgerechnet bei mir angekommen. Ich war jung, naiv und ehrgeizig, hatte aber noch keine Ahnung von den Herausforderungen der Turnierwelt. Wir traten völlig unbefangen auf bei dieser

Europameisterschaft, es gab ja überhaupt nichts zu verlieren. Das alles ist so lange her – ich erinnere mich kaum mehr an Fakten, mehr an dieses Grundgefühl.

Jetzt, da ich über ihn nachdenke, spüre ich eine enorme Dankbarkeit für Weingart, das Pferd, mit dem ich lernte, mich auf den großen Turnieren zurechtzufinden und zu behaupten. Er hat mich dorthin mitgenommen, und es war, als fühlte er sich als Pädagoge berufen, mir alles Wichtige zu zeigen. Insofern spielte dieser große Fuchswallach, mit dem ich nur wenige Jahre verbrachte, eine Schlüsselrolle für meine gesamte Karriere.

Weingart hatte ganz persönliche Beweggründe. Eigentlich war er nicht für mich gedacht gewesen. Schließlich stand ich noch ganz am Anfang. Erst zwei Jahre bevor ich auf ihn traf, hatte der Doktor mich bei einer Silvesterfeier angesprochen, ob ich als Reiterin bei ihm aushelfen könnte. Mich, das pferdebegeisterte Mädchen aus der Nachbarschaft in Rheinberg, das ihm beim Reiten aufgefallen war. Allein das war ja eine riesige Auszeichnung für mich gewesen. Der Doktor verbreitete reiterliches Weltflair. Für mich galt er damals als Guru. Und ich bin sicher, dass auch er sich zu jener Zeit nicht vorstellen konnte, wie rasant sich sein Projekt Isabell entwickeln würde. Dass ich gut zwei Jahre später schon bei einem Championat für Deutschland am Start sein würde. Zwischendurch habe ich gelegentlich gedacht: Kann mich mal einer kneifen, ob ich dann aus dem Traum erwache?

Aber der Reihe nach: Der Doktor hatte Weingart ein paar Jahre zuvor für seinen Sohn gekauft – Dr. Uwe Schulten-Baumer junior, der ein internationaler Turnierreiter war. Mit Madras und Slibowitz hatte er bedeutende Erfolge erritten, unter anderem war er Europameister, und der Fuchswallach, den der Doktor auf der Hannoveraner-Auktion in Verden entdeckt hatte, sollte deren Nachfolge antreten. Doch wie das mitunter so ist: Die beiden wurden überhaupt nicht warm miteinander. Ein großer Mensch, ein großes Tier, beide ein bisschen staksige Lebewesen – irgendwie passten sie nicht zusammen. Uwe hat ihn ausgebildet bis in die schweren Aufgaben hinein, und eigentlich waren die Leistungen, die sie zusammen erreichten, auch nicht verkehrt. Uwe wurde sogar als Weingarts Ausbilder mit dem Otto-Lörke-Preis ausgezeichnet für herausragende Leistungen mit einem jungen Pferd in Grand-Prix-Prüfungen. Und dennoch: Größere Aufgaben traute er Weingart nicht zu. Darum sollte der Wallach verkauft werden. Er wurde zum Handelsstall Kasselmann in den Teutoburger Wald gebracht und dort angeboten. Doch es gab keine ernsthaften Interessenten – oder aber sie verlangten, ihn für längere Zeit zum Ausprobieren mit nach Hause nehmen zu können, was der Doktor nicht wollte. Also hat er ihn wieder zurückgeholt und mir gegeben. Er sagte: Dann probieren wir es eben selbst.

Das war wie Ostern und Weihnachten zusammen! Als ich das erste Mal auf Weingart saß, hatte ich das Gefühl, er hat ein bisschen Mitleid mit der Anfängerin. Es war, als würde er mir sagen, Mensch, Mädchen, verlass dich drauf, ich helfe dir. Er hat die Verantwortung für mich übernommen, und ich habe es ihm erlaubt. Natürlich mussten wir erst zusammenfinden, dennoch hatte ich die ganze Zeit das Gefühl, er ist froh, mich zu haben, und ich war froh, ihn zu haben. Er war für mich ein Riesenpferd, ein bisschen zu stark für mich, aber er konnte natürlich schon alles. Unglaublich viel Pferd – wenn auch nicht so lang wie zum Beispiel Hannes, er war kompakter. Früher waren die Pferde in der Dressur eben nicht derart filigran und leichtfüßig wie heute. Es fehlte die Leichtigkeit und Extravaganz. Weingart hatte jedoch eine sehr schöne Mechanik und ein gutes Potenzial. Alles an ihm war sehr reell. Und ich erinnere mich, dass wir überrascht waren, wie unkompliziert der Anfang mit ihm war. Wir hatten gedacht, der stand zum Verkauf, der wurde von anderen Leuten ausprobiert, da müssen wir erst einmal um Vertrauen werben. Aber er hat sofort mitgespielt. Er wollte wohl selbst beweisen, dass er kein Ladenhüter war. Noch im Jahr 1988 sind wir mit der deutschen Mannschaft in Lanaken Europameister der Jungen Reiter geworden und haben in der Einzelwertung Silber gewonnen. Der erste Titel. Für den Doktor war das Geplänkel. Für ihn zählte nur der Grand-Prix-Sport, die internationale Spitze.

Ich werde es nie vergessen: Am ersten Tag in Lanaken ist Weingart auf dem Abreiteplatz als Erstes hingefallen. Aber er steckte das weg – wir waren trotzdem ganz unbekümmert. Wir haben uns aufgerappelt, kurz geschüttelt, und weiter ging es. Damals war ich voller Ehrfurcht und dachte nicht weiter darüber nach, wieso wir beide so gut zurechtkamen, es mit Uwe Schulten-Baumer junior und Weingart jedoch nicht geklappt hatte. Heute habe ich zumindest eine Vorstellung davon, was die Erklärung sein könnte. So viel Qualität wie Madras oder Slibowitz hatte Weingart nämlich tatsächlich nicht. Nachdem ich es mit einigen echten Weltklassepferden zu tun hatte, kann ich Uwes Anspruch verstehen, und es würde mir ähnlich gehen wie ihm. Wenn ich heute ein Pferd bekomme, von dem ich meine, es kann mit den anderen nicht mithalten, denke ich womöglich trotzdem: Gib ihm eine Chance. Ich versuche noch mal, es an der einen oder anderen Stelle ein bisschen zu verbessern. Allerdings entsteht dann natürlich nie eine solche Verbindung, wie ich das mit anderen Pferden hatte, bei denen viel mehr klappt und die mir viel mehr gegeben haben. Da muss man als Reiter ganz ehrlich zu sich selbst sein, denn die Pferde spüren das.

Bei mir war Weingart aber damals der Größte. Ich empfand es als eine Ehre, so ein gutes Pferd reiten zu dürfen. Und ich glaube, er hat das gemerkt. Ich wäre nie auf die Idee gekommen, ihn infrage zu stellen. Ich war einfach nur dankbar und bin nicht mit großen Forderungen auf ihn zugegangen. Das war ungemein spannend. Abenteuer pur. Und natürlich wollte ich dem Rest der Welt beweisen, dass Weingart, das von anderen verschmähte Pferd, gut genug war auch für die großen Anforderungen.

Ich werde nie vergessen, wie ich im Sommer 1989 an den Schreibtisch ging, der Doktor hatte den Hörer in der Hand und sagte, da ist Herr Fischer am Telefon. Anton Fischer war zu der Zeit der Vorsitzende des deutschen Dressurausschusses, der für die Nominierungen für die jeweiligen Titelkämpfe zuständig war. Ich sehe das vor mir wie auf einem Foto. Wie der Schreibtisch aussah, wo er stand. Der Doktor drückte mir den Hörer in die Hand, und Anton Fischer sagte mir, dass ich in die Mannschaft für die Europameisterschaft nachgerückt sei – ein anderes Pferd hatte sich verletzt. Ich war aus dem Häuschen. Und der Doktor hat sich gefreut wie verrückt. Er hatte es ja als persönliche Schmach empfunden, dass er ein Pferd gekauft hatte, das angeblich nicht gut genug war. Und nun konnte er der Welt beweisen, dass er sich nicht geirrt hatte. Und all denen, die Weingart nicht haben wollten, als er zum Verkauf stand. Seht her, triumphierte der Doktor, jetzt ist er in der deutschen Mannschaft. Das tat ihm gut! Und Weingart erst recht. Auf dem Foto am Anfang dieses Kapitels sieht man uns drei zusammen.

Es war also nicht etwa so, dass der Doktor mir Weingart mit pädagogischen Ambitionen als Lehrpferd gegeben hätte. Doch das Pferd ist trotzdem mein Lehrmeister geworden. Ich hatte zwar vorher schon Madras reiten dürfen, den Schulten-Baumer junior nach glanzvollen Erfolgen eigentlich bereits in Rente geschickt hatte. Von ihm lernte ich sehr viele technische Dinge, zum Beispiel, wie sich die schweren Lektionen anfühlen, wenn sie richtig ausgeführt werden. Er war darin ein idealer Partner. Weingart war in anderer Weise mein Lehrmeister. Nicht nur, weil ich spürte, wie sehr er sich für mich verantwortlich fühlte. Er hat mir die Championatserfahrung, die Prüfungserfahrung auf höchster Ebene verschafft. Dass er alles so problemlos mitgemacht hat, war die große Verwöhnung.

Es gibt ja Situationen, in denen du mit einem Pferd einreitest und denkst, hoffentlich piaffiert der heute überhaupt. Hoffentlich dreht er nicht mitten in der Prüfung um. Hoffentlich unterlaufen uns keine Wechselfehler. Solche Gedanken waren mir noch völlig fremd. Ich bin mit diesem Pferd ganz locker und unvoreingenommen eingeritten. Kein Gedanke daran, dass ich mich vielleicht nicht für die Einzelwertung qualifizieren könnte oder Ähnliches. Das war mir doch egal. Und Weingart hat mitgespielt. Es ging mal besser und mal schlechter. Aber ich kann mich an keinen Moment erinnern, in dem er mir den Dienst verweigert hätte. Oder in dem er auch nur nervös geworden wäre. Ich war seine Schutzbefohlene, er war immer auf meiner Seite, und ich habe das gesammelt, was der Doktor die Ringerfahrung nannte. Weingart war also Teil meiner Ausbildung. Und er war ein hervorragender Ausbilder.

Es ist ja so: Unter den etwa vierzig Prüfungen, die ich im Jahr reite, gibt es höchstens zwei, nach denen ich sagen kann, das war rundum super. Irgendwas geht meistens schief. Bei der Vorbereitung auf dem Abreiteplatz hat es ein Problem gegeben. Das Pferd fühlt sich heute schlechter an. Oder es ist auf einmal guckig, lässt sich viel zu leicht ablenken. Oder überall gehen die Schirme auf, weil es anfängt zu regnen. Oder im Stall gab es eine Störung. Und du musst mit der Situation klarkommen, um im Viereck noch das Beste daraus zu machen. Wenn die Zusammenarbeit mit einem Pferd auf dem absoluten Höhepunkt ist, ich denke da an die Glanzzeiten einer Weihegold, einer Bella Rose oder eines Gigolo, dann kannst du vielleicht öfter sagen, heute lief es spitze. Da ist es der Regelfall und nicht die Ausnahme. Aber bei den anderen ist es umgekehrt. Das Wichtigste ist deshalb, dass du lernst, Schwierigkeiten und Risiken richtig einzuschätzen und entsprechend darauf zu reagieren. Und das hat mich Weingart gelehrt. Das war natürlich nicht immer ein Spaziergang. Allerdings umso mehr ein wichtiger Lernprozess.

Ich hatte also das unwahrscheinliche Glück, dass ich mit Madras und Weingart am Anfang Pferde hatte, die mich enorm geschult haben, und ich kann einen solchen Ausbildungsweg nur jedem empfehlen. Ich gehe davon aus, dass man zwei solche Pferde am Anfang der Karriere braucht, um erst einmal die eigenen Fehler abzuarbeiten, die man zwangsläufig macht. Die Charakterstärke und Sensibilität solch erfahrener Pferde sind immer wieder beeindruckend. Sie gewinnen im Lauf der Jahre eine Souveränität und Wärme – wie erfahrene, den Schülern durchweg zugewandte Grundschullehrer.

Wer auf einem jungen, unerfahrenen Pferd seine ersten Schritte beim Turnier machen will, der bekommt erhebliche Probleme. Wenn auch die Fehler des Reiters ausgeglichen werden müssen, muss das Pferd sehr viel mehr trainieren, als zu seiner eigenen Ausbildung nötig wäre. Und das bedeutet stärkeren Verschleiß. Für solch ein fehlerhaftes Konzept gibt es viele Beispiele. Erst heute ist mir klar, wie wichtig es war, dass ich so gut vorbereitet war, als ich Gigolo bekam, dieses junge, ungestüme Pferd. Hätte ich Madras und Weingart nicht gehabt, hätte er viel mehr trainieren und laufen müssen, um meine Fehler auszugleichen, und hätte vielleicht kein gesegnetes Pferdealter erreicht.

Weingart aber kam zur rechten Zeit und hat mir zwei ungemein wichtige Jahre gegeben. Traurigerweise ging seine Karriere aus gesundheitlichen Gründen nicht mehr weiter. Zu diesem Zeitpunkt war er im Stall schon von Jüngeren überholt worden. Erst von der Stute Fabienne. Und dann von meinem ersten Weltstar im Stall: Gigolo. Viele meiner Erinnerungen an ihn sind wahrscheinlich nach all den Jahren durch neue Erfahrungen überspielt worden. Aber meine Dankbarkeit bleibt lebendig.

Fazit: Wer einen Pädagogen wie Weingart im Stall hat, der sollte die Chance nutzen und fleißig von ihm lernen.

GIGOLO
der Athlet

Gigolo war in vielen Dingen genau wie ich zu Beginn meiner Karriere. Unsere ganz große, aber längst nicht die einzige Gemeinsamkeit war unser Ziel: Wir wollten Leistung bringen. Wir hatten eine sehr intensive Beziehung. Am besten kann man sie mit einem Bruder-Schwester-Verhältnis beschreiben. Wir waren total aufeinander fixiert und kannten einander in- und auswendig. Mit ihm habe ich noch viele Dinge allein gemacht, die heute die Pferdepflegerin übernimmt. Wir haben also sehr viel Zeit miteinander verbracht und vieles zusammen zum ersten Mal getan, auf Turnieren oder auf Reisen. Er war das erste Pferd, mit dem ich gemeinsam im Flugzeug geflogen bin. Es war keine Frage: Wir konnten uns in jeder Situation aufeinander verlassen.

Wir strebten zusammen nach Erfolg. Und das ist uns gelungen. Er ist es, der für meine erste, überwältigende Phase im Sport steht. Der Kern von Gigolos Persönlichkeit drückte sich in seiner Leistungsbereitschaft aus. So wurde er zum erfolgreichsten Dressurpferd der Geschichte – ein Rekord, den bis heute, obwohl ich ihn schon im Jahr 2000 verabschiedet habe, niemand überboten hat. Mit ihm wurde ich 1996 Olympiasiegerin sowohl mit der Mannschaft als auch in der Einzelwertung. Das Einzel-Gold von Atlanta war die wichtigste Medaille, die wir zusammen gewannen, die Krönung unserer umfangreichen Sammlung. Ein Triumph, wie man auch auf dem Foto am Anfang dieses Kapitels erkennen kann. Ich verdanke Gigolo unendlich viel. Mit ihm begann mein eigentlicher Weg zu der Berufssportlerin und Ausbilderin, ja, zu der Person, die ich heute bin.

Von Anfang an war Gigolo bei all seiner jugendlichen Unbedarftheit und seinem Übermut ein fokussierter Profi. Ein vorbildlicher Athlet, mental stark und innerlich unabhängig. Sein Pfleger hat immer gesagt, eigentlich braucht der mich gar nicht. Zumindest nicht fürs Gemüt. Gigolo war auch nicht verschmust, sondern ein sachlicher Charakter. Er war souverän in seinem Auftreten, wollte in jedem Moment sein Bestes geben. Er war motiviert bis in die Haarspitzen und dabei hoch fokussiert, und mit dieser Einstellung hat er mich geprägt. Und nicht nur damit. Ich habe sehr viel von ihm gelernt. Erst heute kann ich ermessen, was für ein Geschenk und Privileg es war, ein solches Pferd am Anfang meiner Karriere zu bekommen. Ich war ja erst neunzehn Jahre alt, ganz unbedarft und unbeschwert, als ich ihn ausprobieren durfte. Mit Madras und Weingart, den ersten Grand-Prix-Pferden, in deren Sattel ich saß, hatte ich geübt für den großen Sport. Mit der Stute Fabienne, die ich von der Tochter des Doktors hatte übernehmen dürfen, kam ich noch besser in die Turnierwelt hinein. Mit Gigolo ging es richtig los.

Gigolo mochte im Sport unglaublich zielorientiert sein. Im Privatleben hatte auch er seine Marotten. Er liebte Wasser in jeder Form. Am liebsten hat er sein Heu darin eingeweicht. Er hat das Heu genommen und damit in seiner Tränke herumgematscht. Irgendwann fing er damit an, und fast alle anderen Pferde im Stall haben es abgeschaut. Ich würde mal sagen 80 Prozent. Wasser fand er schlicht super. Abwaschen, planschen, jede Art von Pfützen. Eine weitere Eigenheit von ihm bereitete uns mehr Probleme. Er war so findig, dass er lernte, den Riegel an seiner Boxentür aufzuknobeln. Er hat daran herumgespielt und schließlich die Schiebetür aufgemacht. Er hatte eine coole Oberlippe, mit der er solche Dinge bewerkstelligen konnte. Das ging so lange, bis wir bei ihm einen Spezialriegel anbrachten.

Bei solchen Aktivitäten hat er sich entspannt. Genau wie ich konnte er sehr schnell regenerieren, was für einen Leistungssportler extrem wichtig ist. Ich lege mich abends in die Badewanne und relaxe, und schon bin ich wieder fit. Gigolos Badewanne war eben seine Box mit dem zermanschten Heu. Das genoss er, und am nächsten Tag ging es weiter. Natürlich musste er sich mit seiner überlegenen Athletik und seinem Ehrgeiz nicht so sehr anstrengen wie manches andere Pferd, das von seiner Substanz zehren muss. Dazu kommt, dass er liebte, was er tat. Und auch das ist beim Pferd genauso wie beim Menschen: Wenn du das tust, was du liebst, und es nicht als Stress empfindest, verlierst du nicht so viel Kraft und erholst dich schnell. Das war eine weitere Gemeinsamkeit zwischen ihm und mir. Ich bin natürlich vor einem Wettkampf angespannt wie jeder andere, aber es ist eine positive Spannung. Ich freue mich darauf, auch auf die Leistungsanforderung und den Vergleich.

Trotz allem war es Liebe auf den zweiten Blick. Der Doktor und ich fuhren nach Warendorf zu seinem Sohn, um in dessen Stall ein Pferd auszusuchen, das war 1989. Uwe Schulten-Baumer junior war in seinem Beruf als Mediziner so eingespannt, dass er sein Repertoire verkleinern wollte. Und Gigolo, damals knapp sechs Jahre alt, war einer von zwei Kandidaten. Ein Fuchswallach, Hannoveraner, wirklich kein Schönling. Ich stieg in seinen Sattel und ritt erst einmal im Schritt am langen Zügel einen Grasweg entlang. Vor mir ein Hals, der von oben gesehen eigentlich keiner war. Da war ein Körper, daran ein dünnes Etwas, und dann kam der Kopf. Es sah aus wie eine Rutsche, die vom Widerrist heruntergging, und war unglaublich lang. Junge, dachte ich bei mir, du musst gleich ordentlich lostraben, sonst wird das nichts mit uns.

Aber dann ließ ich ihn antraben – und beim ersten Trabtritt hatte er mich. Ich wusste, das ist mein Pferd.

Ich muss übers ganze Gesicht gegrinst haben. Der Doktor jedenfalls lachte und sagte, du kommst ja strahlend hier heraus. Er fragte: Bist du sicher? Und ich sagte: Hundert Prozent sicher. Natürlich konnte ich zu diesem Zeitpunkt nicht ahnen, dass ich mit Gigolo elf super Jahre im Sport vor mir haben würde. Aber ich hatte keinen Zweifel, dass er der Richtige war, und der Doktor hat mir vertraut, was ich ihm hoch anrechne, schließlich war ich zu der Zeit noch nicht sehr lange für ihn geritten.

Es war Gigolos Schwung, der mich überzeugt hat. Bis zu diesem Zeitpunkt hatte ich noch kein Pferd geritten, das diesen energiegeladenen Trab, diese Elastizität gehabt hätte. Die Bewegung ging einfach so durch den Körper, ich staunte, wie toll sich das anfühlte. Und alles fiel ihm leicht, er lernte schnell und hatte an vielen Dingen Spaß, die anderen Pferden Schwierigkeiten bereiten. Natürlich konnte er gegen Rembrandt, mit dem Nicole Uphoff damals die Szene beherrschte, keinen Schönheitspreis gewinnen. Doch er überzeugte mit seiner Leichtigkeit und seinem Leistungswillen, und seine Körperbeherrschung war brillant. Es konnte kommen, was wollte: Er hat die Leistungsbereitschaft nie verloren, diesen Willen zu laufen, seine Gehfreude, das, was wir Reiter das Go nennen. Und das, obwohl er ein mächtiges Kaliber war – zu seinen besten Zeiten wog er mehr als siebenhundert Kilogramm. Einhundertfünfzig Kilogramm weniger wären bei einem Warmblut auch noch normal. Ich nehme an, er hat das Temperament von seiner Mutter mitbekommen, die von einem Vollblüter – Busoni – abstammt. Und auch die Härte, er war in seiner Laufbahn nur einmal verletzt.

Gigolo war derart elektrisch, dass ich ihm zu Beginn eines Turniers immer erst die nötige Ruhe vermitteln musste. Dann war er wie ein Tausendfüßler: Er wollte so unbedingt los, dass er nicht mehr wusste, welches Bein er zuerst vorsetzen sollte. Ging er im Trab, wollte er ständig passagieren und piaffieren. Jahrelang wurde ich am ersten Tag auf Turnieren von Leuten angesprochen, die dachten, dermaßen geladen, wie er ist, kann er unmöglich morgen einen Grand Prix gehen. Das konnte er. Aber er war unglaublich heiß. In einer solchen Situation gibt es nur eine Devise: ruhig bleiben, die Energie nutzen.

Die Kunst bestand darin, seinen Ehrgeiz zu kanalisieren und ihn positiv aufzunehmen, damit er im Viereck strahlen konnte. Es wäre eine Sünde gewesen, seinem Vorwärtsdrang den Garaus zu machen und ihm den Spaß zu nehmen, weil er vielleicht manchmal übereifrig war. Dankbar sein, dass ein Pferd so viel Go hat, nicht immer bremsen, sondern es mitnehmen, das wurde mein Motto im Umgang mit einem derart außergewöhnlichen Athleten wie ihm. Auch das gehört zu den vielen Dingen, die Gigolo mich gelehrt hat. Natürlich braucht man dazu Mut, aber das habe ich gar nicht wahrgenommen, weil der Doktor dabei war, mich begleitet, geführt und mir die Sicherheit gegeben hat, das Richtige zu tun. Er sagte immer: Ruhig werden sie von allein. Das höre ich ihn heute noch sagen. Man muss anderen Reitern, glaube ich, nicht erklären, was für ein Privileg es ist, ein Pferd zu haben, das so gern vorwärtsgeht. Das war für mich damals eine Offenbarung. Als Kind hatte ich ein Pony, das ich, wenn ich es ganz geradeheraus beschreiben soll, antreiben musste, bis der Arzt kam. Und ein anderes Pferd, das ständig bockte und mich abwerfen wollte, was ihm oft genug gelang. Gigolo eröffnete mir eine neue Dimension.

Was Gigolo mich außerdem gelehrt hat: Das Dressurreiten geht zwar vom Ideal aus. Aber man muss nicht gleich verzweifeln, wenn der Körperbau eines Pferdes nicht ideal ist. Viele Pferde, die ich nach Gigolo geritten habe, haben von meiner Erfahrung und Überzeugung profitiert, dass sich durch das Training vieles modellieren lässt. Ja, es gab Pferde, deren

Konstruktion noch viel weniger dem Bild entsprach, das man sich bei einem Topdressurpferd wünscht, zum Beispiel Don Johnson oder Warum nicht. Gigolo war ja von der Schulter bis zum Hinterbein sehr gut, nur die Halsung war nicht optimal angesetzt, und der Unterhals war viel stärker ausgeprägt als der Oberhals. Dazu muss man wissen, dass der Hals jede Bewegung des Körpers ausbalancieren muss, er ist also ganz entscheidend für die Bewegungsqualität eines Pferdes.

Was also tun? Gigolo war prädestiniert für ein Training mit einer tieferen Einstellung, bei der er den Hals rund machen musste, um seine Muskulatur besser entwickeln zu können. Und um Missverständnissen gleich vorzubeugen: Dieses Training hat mit der verpönten Rollkur nichts zu tun. Der Doktor war überzeugt davon, dass unser Training dem Pferdekörper zuträglich sein würde, und er hatte recht. Es war ein schmaler Grat, genau die richtige, für Gigolos körperliche Ausbildung ideale Einstellung zu finden, sodass seine Haltung insgesamt rund wurde. Tatsache aber ist, dass er auf dem Höhepunkt seiner Leistungsfähigkeit auch am schönsten aussah.

Sportlich ging alles sehr schnell. Als ich ihn bekam, konnte Gigolo lediglich fliegende Galoppwechsel und vielleicht gelegentlich ein bisschen schweben. Er war ja erst sechs. Man merkte, was in ihm steckt, aber er war noch längst kein Grand-Prix-Pferd. Es war total verrückt, was er innerhalb eines Jahres alles lernte. Das ging richtig ab mit ihm, und ich war selig. Als er sieben Jahre alt war, gewannen wir den Otto-Lörke-Preis, mit dem ein Reiter für die Ausbildung eines Nachwuchspferdes bis zum schwersten Niveau, dem Grand Prix, ausgezeichnet wird. Und 1991, als er acht Jahre alt war, gehörten wir bereits zur deutschen Equipe bei den Europameisterschaften in Donaueschingen. Und wir gewannen auf Anhieb zwei Goldmedaillen. Im Einzel besiegten wir überraschend Nicole Uphoff mit Rembrandt, die Olympiasieger und Weltmeister. Das war fantastisch. Ein Traum.

Obwohl ich jetzt auf einem solchen Wahnsinnspferd saß, fühlte ich mich weiterhin wie das unbedarfte Mädchen vom Lande. Und tatsächlich hatte uns bislang niemand so richtig auf dem Schirm gehabt. Das Schönste: Alle waren da, meine Eltern, der Reitverein, sogar meine Omi war mit. Dieses Erlebnis war für sie alle ein Novum, sie hatten mich ja vor Kurzem noch als Ponykind erlebt. Ich habe die Atmosphäre und den Erfolg vorbehaltlos genossen. Es war mein Einstieg in die große Championatswelt. Vielleicht war das die schönste Prüfung, die ich je mit Gigolo hatte. Und doch folgten noch so viele.

Die lehrreichste Championatserfahrung machte ich mit ihm ein Jahr nach Donaueschingen, bei den Olympischen Spielen in Barcelona. Es ist faszinierend, dass Gigolo mir vermittelte, was ich erst noch lernen musste, nämlich dass man mit Druck und Stress seine Ziele nicht erreichen kann. Nichts lässt sich erzwingen, aber ich versuchte es damals. Diesmal war alles anders als bei unserer Championatspremiere: Wir waren nicht mehr die unbedarften Neulinge. Wir gehörten zum Kreis der Favoriten. Nun wollte ich nicht mehr einfach losreiten, sondern allen beweisen, dass ich nicht nur Europameisterin, sondern auch Olympiasiegerin werden konnte. Und das wollte ich viel zu sehr, was mir gar nicht gut bekam.

Gigolo kannte eine solche Situation nicht, und er konnte auch nicht damit umgehen. Dieser Schuss ging nach hinten los, und uns passierten ungewohnte Fehler. So schnell kann es gehen. Ich wurde von meinem Pferd kurzerhand dahin erzogen, dass das Gewinnen nicht so einfach ist, während Nicole mit Rembrandt mit einer Glanzleistung souverän Olympiasiegerin wurde. Da war bei mir die Unbedarftheit weg. Ich denke, was ich damals lernte, gilt nicht nur im Dressurreiten, sondern generell. Für mich als Sportlerin war es die wichtigste Erkenntnis überhaupt.

Die Stärke dieses Pferdes war die Selbstverständlichkeit, das

Unkomplizierte. Davon hat er gelebt. Reinreiten und kämpfen, ohne zu klemmen und zu krampfen, das wurde für mich die richtige Strategie. Man muss sich jederzeit darüber im Klaren sein, dass das Leben auch weitergeht, wenn man nicht gewinnt. (Mal davon abgesehen, dass wir mit der Mannschaft wie erwartet Olympiasieger wurden und ich im Einzel hinter Nicole die Silbermedaille gewann, aber eben nicht das erhoffte Gold.)

Die Erfahrung von Barcelona hat mich stärker gemacht und mir zu einer Einstellung verholfen, mit der ich danach noch so manche Prüfung für mich drehen konnte. Wenn ich später manchmal eingeritten bin und alle sagten, es ist unmöglich, dass sie jetzt noch gewinnt, und wir haben trotzdem gewonnen – das hat auch mit dem Schlüsselerlebnis von Barcelona zu tun. Und das war besonders wichtig, weil bald darauf die Zeit anbrach, in der viele nur darauf warteten, dass wir geschlagen wurden – von Anky van Grunsven und Bonfire. Alles wartete auf die Wachablösung der Deutschen durch die Reiter aus den Niederlanden. Aber Gigolo und ich hielten erfolgreich dagegen. Es gelang Anky erst, uns zu schlagen, als die Karrieren unserer beiden Pferde schon fast zu Ende waren. Das war bei den Olympischen Spielen 2000 in Sydney.

Vier Jahre vorher hatten wir unser größtes Highlight erlebt, den Gewinn der beiden olympischen Goldmedaillen 1996 in Atlanta. Die Kür zum Abschluss – das war die emotionalste Prüfung, die ich mit Gigolo bestritten habe. Ich werde es nie vergessen, es war ein Auftritt ohne Wenn und Aber. Gigolo, ganz er selbst, stets professionell. Als ich in die Arena kam, hatte ich das Gefühl: Heute stimmt alles. Die Zuschauer bildeten eine Wand. Nicht bedrohlich, im Gegenteil. Ich empfand schlicht: Wow! Eine Fantruppe saß auf der Tribüne und rief: »Jetzt geht's los!« Das war kurz bevor ich ins Viereck einritt. Und es fühlte sich wirklich an wie ein inneres »Jetzt geht's los!«. Ich habe die Atmosphäre aufgesogen – und Gigolo auch.

Er nahm den Kampf auf, ehrgeizig und souverän wie immer. Und es gelang uns tatsächlich, das Gold zu holen, obwohl wir mit einem Rückstand in die Kür gegangen waren. Nach einigen leichtfertigen Fehlern im vorangegangenen Special drohte uns ja beinahe das gleiche Schicksal wie in Barcelona. Aber diesmal nicht! Es war einmalig! Bei der Siegerehrung habe ich geheult wie ein Schlosshund.

Anky und ich waren Rivalinnen, dadurch machten wir uns gegenseitig stärker. Wir schenkten uns nichts und schaukelten uns zusammen mit unseren Pferden gegenseitig immer höher. Das führte unter anderem dazu, dass ich Gigolos Kür für Atlanta ausgebaut hatte. Wir legten ein Scheit drauf. Das Ergebnis war eine Kür, wie sie die Welt noch nicht gesehen hatte. Die Musik passte perfekt zu meinem leichtfüßigen Pferd: *Just a Gigolo* und *Always look at the bright side of life*. Der schwierigste Teil war die Lektionenfolge: starker Galopp, Pirouette, fliegende Galoppwechsel erst zu zwei Sprüngen, dann von Sprung zu Sprung. Das bedeutet einen ständigen Wechsel zwischen viel Schwung und extremer Versammlung, also Bewegungen auf kleinstem Raum. Diese Lektionenfolge hat alle fasziniert. Wer sich regelmäßig Dressurwettbewerbe auf höchstem Niveau ansieht, kennt sie. Sie wurde von vielen Reitern übernommen. So etwas konnte man mit Gigolo wunderbar entwickeln. Das Lernen ist ihm überaus leichtgefallen. Und dieses Vorwärts und Zurück – die Verstärkungen und das Aufnehmen – hat ihm riesigen Spaß gemacht. Andere Pferde müssen so etwas lange üben – er hatte keine Mühe. Du konntest mit ihm richtig losknallen im Galopp, weil er es so geliebt hat, vorwärtszugehen und sich dann wieder einfangen zu lassen.

Ich sagte ja bereits, Gigolo war eine Wasserratte. Und das zeigte sich auch im Viereck, was eine sehr günstige Eigenschaft ist. Es gab einmal eine Prüfung in Aachen – eine Kür –, noch im alten, hölzernen Dressurstadion. An jenem Morgen hatte es geregnet, und auf dem Platz standen Pfützen. Die größte genau an dem Punkt, auf den ich in unserer berühmten Übungsfolge im vollen Galopp zureiten, ihn aufnehmen und die Pirouette drehen musste. Kurz vor dem Ausritt an der kurzen Seite. Aber ich musste mir keine Sorgen machen. Er ist mit einer solchen Wonne in diese Pfütze hineingaloppiert, es platschte, und das Wasser spritzte seitlich an seinen Ohren hoch, und er hatte großen Spaß bei seinen Lektionen. Ich brauchte keine zwei Zentimeter, um ihn auf die Pirouette vorzubereiten. Und aufnehmen – und Pirouette – und wieder zurück. Das war einmalig. Es gibt so viele Pferde, die vor Wasser scheuen und einen großen Bogen darum machen. Und er: Patsch! Mitten hinein.

Was ebenfalls erzählt werden muss: Mit Gigolo habe ich zahlreiche großartige Momente erlebt – aber auch einen der schlimmsten Momente in meiner ganzen Laufbahn. Das war im Jahr 1999 in Aachen. Er war nun sechzehn Jahre alt, und wir hatten alle Titel gewonnen, die es zu gewinnen gab. Neben all den Mannschaftstiteln waren wir Olympiasieger, zweimal Weltmeister und viermal Europameister in der Einzelwertung geworden – und unser Ehrgeiz war ungebrochen. Doch auf dem Abreiteplatz fühlte sich Gigolo anders an als sonst. Irgendwie lief es nicht. Ich sagte zum Doktor, er soll mal schauen, da stimmt etwas nicht, aber er sagte nur, was du immer hast, es ist deine Hand, du störst ihn mit der Hand.

Mir gingen tausend Gedanken durch den Kopf. Ich wusste, dass etwas nicht stimmte, gleichzeitig vertraute ich dem Blick des Doktors. Wir wollten beide nicht wahrhaben, dass Gigolo ein gesundheitliches Problem haben könnte. Das kannten wir nicht von ihm. Und ich wollte auch nicht, dass das Pferd zerredet wird – im Dressurreiten, wo es um Bewegungsnuancen geht, passiert so etwas schnell und setzt sich in den Köpfen fest. Ich bin außen um das Viereck herumgeritten, habe noch einmal zugelegt, Gigolo hat reagiert, das hat mich beruhigt. Während der Prüfung verstärkte sich das Gefühl, dass etwas nicht in Ordnung war, doch ich hatte nicht den Mut aufzuhören. Und das war falsch. Hinterher hat sich mein Verdacht bestätigt. Der Tierarzt hat ihn untersucht und eine Sehnenverletzung festgestellt. Wir haben ihn für den Rest des CHIO zurückgezogen. Ich war untröstlich, ich hatte einen schweren Fehler gemacht, konnte es aber nicht mehr ungeschehen machen. Mit dem Wissen von heute, und natürlich auch mit meinem heutigen Standing und Selbstbewusstsein, wäre es für mich selbstverständlich, in einem solchen Fall das Training sofort abzubrechen und das Pferd vom Tierarzt untersuchen zu lassen. Natürlich ist es oft so, dass man, wenn man eine Unstimmigkeit feststellt, es am liebsten nicht wahrhaben würde. Nur, in einer solchen Situation darf es kein Wenn und Aber geben. Das war eine bittere Lehrstunde für mich.

Es war ein Geschenk des Himmels, dass Gigolos Verletzung im Jahr darauf ausgeheilt war und wir den Entschluss fassen konnten, ihn auf seine letzten Olympischen Spiele, 2000 in Sydney, vorzubereiten. Aber mir war klar, dass das seine letzte Prüfung sein würde. Und so ist es gekommen. Wir gewannen noch einmal Mannschaftsgold und Einzelsilber. Und wir haben ihn im selben Jahr in der Stuttgarter Schleyer-Halle verabschiedet. Ein Jahr darauf beendete ich auch die Zusammenarbeit mit dem Doktor. Ein Glück, dass Madeleine Winter-Schulze als Pferdebesitzerin einsprang. Zu ihr konnte ich Gigolo mitnehmen und ihm in meiner Nähe ein angemessenes Alter bereiten.

Er hat noch zehn Jahre seine Rente genossen. Gigolo hatte eine wunderbare Schimmelstute zur Freundin, an der hat er sehr gehangen. Das ist wie bei den Menschen: Auch im hohen Alter können sie neue, enge Beziehungen eingehen. Wenn ich Gigolo auf den Lkw verladen musste, dann musste stets die Schimmelstute mit verladen werden, ohne sie wäre er nirgendwohin mehr gefahren. Nach dem Tod der Stute übernahm mein ehemaliges Turnierpferd Fabienne, mit der ich 1992 den

Weltcup gewonnen hatte, die Aufgabe seiner Gesellschafterin – auf dem Foto links neben Gigolo.

Gigolo behielt sein Temperament, seinen Geist und seine Sensibilität bis zum Schluss. Wenn er auf die Stallgasse gestellt wurde, weil er abgewaschen werden musste oder weil der Schmied kam, fing er an zu piaffieren. Und die Unterlippe ging: Plopp, plopp, plopp. Seine Haut war extrem kitzlig. Am Anfang konnte ich ihn kaum scheren, wir dachten sogar darüber nach, ihm dafür ein Beruhigungsmittel zu geben. Er war es, für den ich die erste schnurlose Schermaschine besorgt habe, um die Stolpergefahr zu verringern. Er war so empfindlich, dass er dabei nicht mehr aufhörte zu piaffieren.

Was man auch an diesem Beispiel sehen kann: Die Lektionen, die unsere Pferde in der Dressur ausführen, sind keine willkürlich andressierten Kunststücke. Ihre Basis sind die natürlichen Bewegungen der Pferde in Freiheit. Piaffieren gehört zum Imponiergehabe. Gigolo piaffierte dann wie ein Weltmeister. Oder fliegende Wechsel zum Beispiel, die macht jedes Pferd von allein. Ich sage immer, das automatische Verhalten des Pferdes, um im Galopp die Hand zu wechseln, ist ein fliegender Wechsel. Natürlich fängt ein Pferd auf der Wiese nicht an, plötzlich aus Jux eine Sequenz aus dem Grand Prix aufzuführen. Das widerspräche auch dem Sinn der Ausbildung. Dabei geht es nicht darum, einem Tier etwas anzudressieren, das automatisch immer gleich abläuft. Dieser Aspekt ist mir sehr wichtig, um mit unseren Kritikern überhaupt vernünftig ins Gespräch kommen zu können. Wir versuchen, das vorhandene Talent und Potenzial auf eine Weise zu nutzen und auszufeilen, dass ein Pferd die Lektionen aus seiner Veranlagung heraus zu beherrschen lernt. So wie ein Mensch, der sich Schritt für Schritt weiterentwickelt. Es ist nicht wie beim Zirkus, dass man dreimal pfeift, und dann macht das Tier »Sitz«. Die Lektionen werden über die Hilfen des Reiters erarbeitet und in einer spezifischen Situation abgerufen. Natürlich hat das Dressurreiten einen zirzensischen Faktor. Aber das ist nicht der Kern unserer Arbeit. Unsere Herangehensweise führt dazu, dass die Prüfungen nicht immer gleich, sondern unterschiedlich ausfallen, je nachdem, welche Einflüsse mitspielen. Gut, wenn ein Pferd auf dem Höhepunkt seiner Leistungsfähigkeit ist, kann man auch mal zehn Prüfungen am Stück gewinnen. Aber jede ist anders.

Und was nicht unerwähnt bleiben darf: Das richtige Training für ein Pferd hält es gesund. Dressurreiten bedeutet Gymnastizierung und damit Gesunderhaltung. Viele meiner Pferde sind sehr alt geworden. Gigolo zum Beispiel wurde sechsundzwanzig. Vier Monate, nachdem wir ihn einschläfern lassen mussten, starb auch Fabienne, seine treue Freundin, mit neunundzwanzig Jahren. Ich bin davon überzeugt, dass sie aus Kummer starb.

Wenn ich über Gigolo nachdenke, wird mir bewusst, welches Glück ich immer wieder hatte: Ich habe nicht nur in den entscheidenden Momenten die richtigen Menschen getroffen. Auch die richtigen Pferde kamen zur rechten Zeit. Als ich ihn fand, war ich noch so grün und ehrgeizig und wollte unbedingt los. Und er ebenfalls. Er war das ideale Pferd für diese Lebensphase. Er hat mir das Tor zur Welt geöffnet.

Fazit: Wer einen Athleten wie Gigolo in seinem Stall hat, muss lernen, den eigenen Ehrgeiz zu zügeln und den Ehrgeiz seines Pferdes nicht überzustrapazieren.

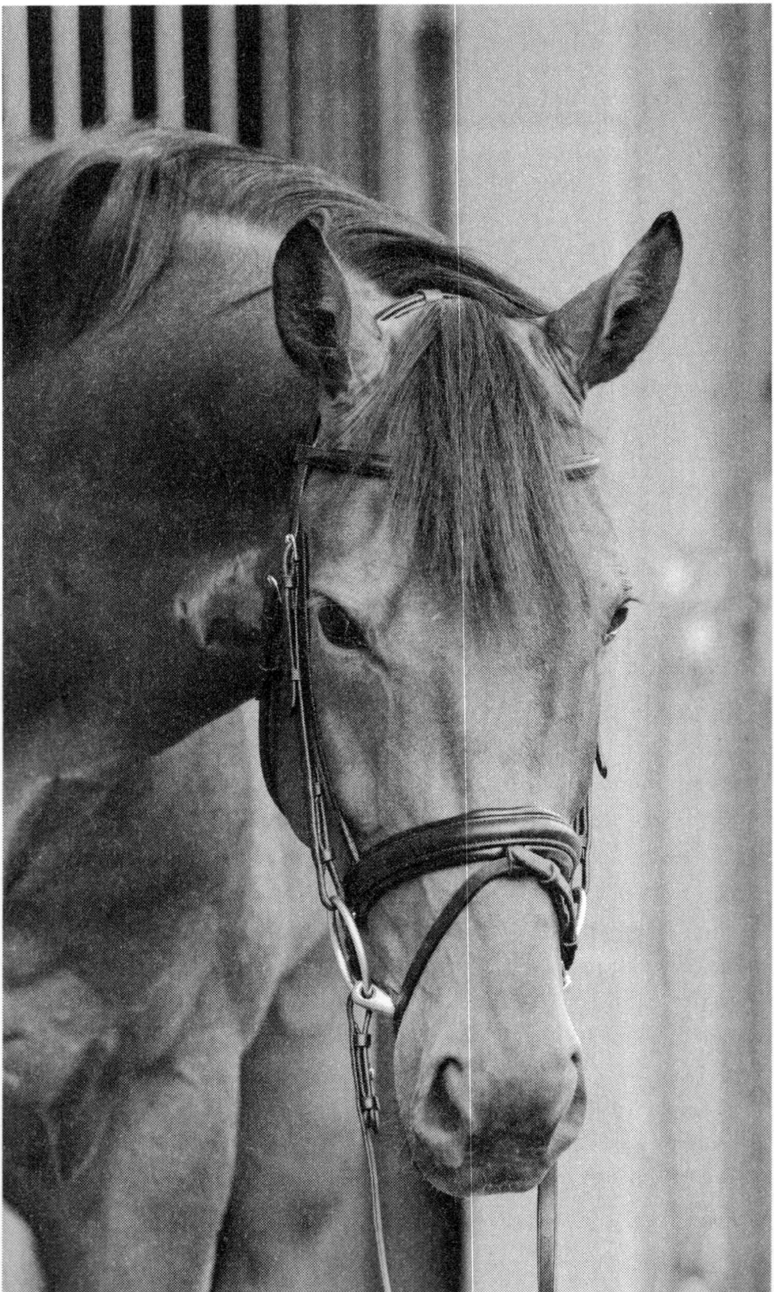

DON JOHNSON
der Revolverheld

Ich sage jetzt einen Satz, der Insider erstaunen wird: Ich bin nie, wirklich kein einziges Mal, von Don Johnson heruntergefallen.

Ich wage das nur zu sagen, weil Don Johnson schon lange vom Sport verabschiedet ist und dieses »Versäumnis« nicht mehr nachholen kann. Jeder weiß es: Dieser braune Wallach hat gebockt wie verrückt, und zwar vom ersten bis zum letzten Tag seiner Laufbahn. Jeder, der Dressurturniere verfolgt, hat irgendwann mal gesehen, wie Don Johnson bei der Prüfungsvorbereitung blitzschnell den Kopf herunternahm, den Rücken rund machte und loslegte mit Springen und Schaukeln – aber wie gesagt, er ist mich nie losgeworden, und ich glaube, dass er das nur höchst selten wollte.

Wenn er zu seinen Bocksprüngen ansetzte, kam jede Maßnahme zu spät, ich saß oben und konnte nichts machen, so schnell war er. Selbst wenn ich vorbereitet war, war Johnny schneller. Doch je länger ich ihn kannte, desto besser konnte ich dieses Phänomen in unsere Abläufe integrieren. Ich konnte es sogar herauskitzeln, und das tat ich. Ich wusste, er musste auf dem Abreiteplatz einmal bocken, sonst tat er es hundertprozentig im Viereck und verdarb damit die Prüfung – auch das kam vor, wenn ich den Moment nicht erwischt hatte. Bis zum Läuten der Glocke musste er sich buchstäblich ausgebockt haben. Ich fühlte, wann es reichte, nur noch kurz mit dem Bein zu treiben, und schon ging es los: In Windeseile war der Kopf unten – es fühlte sich so an, als befände sich der Kopf dabei nicht nur zwischen den Beinen, sondern schaute hinten wieder raus. Um es mal freundlich zu sagen, interpretierte er in diesen Momenten die treibende Hilfe nicht ganz richtig, nämlich als Aufforderung zum Tanz. Unglaublich. Vor allem: was für eine Beweglichkeit und Elastizität! Die waren seine ganz großen Stärken und faszinieren mich bis heute.

Es gibt verschiedene Arten, wie ein Pferd bocken kann. Don Johnson nahm mich dabei mit. Es gab wenige Tage, an denen ich gedacht habe, der will mich wirklich loswerden. Normalerweise habe ich gesagt: Der will nur spielen. Er tat es aus reinem Übermut. Es gibt Pferde, die bocken allzu unangenehm und machen Haken, um dich abzuwerfen, da liegst du schnell einmal unten. Weil er schön in seinen Körper reingebockt hat, konnte ich mich anpassen. Je besser ich ihn kannte, desto besser erkannte ich solche Situationen und war darauf gefasst. An manchen Tagen, wenn er richtig aufgedreht und frech war, habe ich es vorgezogen, ihn zunächst ein paar Runden zu longieren. Aber es handelte sich bei seinen Eskapaden nicht um ein Kräftemessen, wie es mir später zum Beispiel Quantaz aufgezwungen hat. Don Johnson ging es nicht in erster Linie um Dominanz, er war viel eher mein Sparringspartner. Er machte Witze. So ist er eben – ein Pferd mit einem riesigen Spieltrieb. Herausfordernd, jungenhaft, schelmisch und ein bisschen pubertär. Solch ein Pferd kann man nicht läutern oder umerziehen, man muss es nehmen, wie es ist. Würde er in einem Western mitspielen, wäre er wahrscheinlich Johnny, der Revolverheld.

Natürlich wuchsen wir mehr und mehr zusammen, irgendwann kannten wir uns in- und auswendig, sodass die Situation immer weniger explosiv wurde. Ich wusste genau, wo die Reizschwelle war, und Don Johnson wusste genau, dass ich mich von seinen Bocksprüngen nicht würde irritieren lassen. Ein bisschen Bullenreiten macht mir nichts aus. Es ist also kein Wunder, dass seine späten Jahre im Sport auch seine besten waren. Wir haben miteinander gespielt, es war eine Art positives Kämpfchen. Wir hatten uns gegenseitig erzogen, uns an die Grenzen gebracht, um an den Punkt zu kommen, an dem wir uns beide in der Prüfung hundertprozentig aufeinander verlassen konnten.

Auf die Zuschauer wirkten unsere Showeinlagen mitunter echt spektakulär. Ich werde nie vergessen, wie uns ein Besucher beim Training in meiner Halle zu Hause in Rheinberg zugesehen hat. Er saß im Aufenthaltsraum, und plötzlich ging Johnny ab von hinten in der Ecke. Der konnte in jungen Jahren ja schon mal über sechzig Meter durchgehen, das war durchaus spannend. Unser Gast jedenfalls duckte sich hinter der Fensterscheibe weg. Offenbar befürchtete er, ich könnte gleich mit Johnny durch das Glas krachen. Aber das passierte natürlich nicht. Er bremste genüsslich ab. Er war nämlich supervorsichtig mit sich selbst. Und er hatte Gummibeine. Trotz seiner Wildheit war er in seiner Karriere nur zweimal verletzt, und das nicht besonders schwer.

Wobei: Natürlich haben seine Eskapaden auf dem Turnier die Leute auch beunruhigt. Manche Beobachter regten sich auf, weil sie glaubten, ich hätte mein Pferd auf irgendeine Weise malträtiert und Johnny leiste nun Widerstand. Dabei kamen seine Bocksprünge nicht aus einer Kampfsituation, eher aus dem Nichts – oder aus seiner zur Provokation neigenden Persönlichkeit. Wenn jemand in einem ungünstigen Moment ein Foto gemacht hat, etwa wenn gerade wieder einmal der Kopf zwischen seinen Beinen war, dann sah das nicht gerade attraktiv aus. Solche Situationen haben mir hin und wieder ganz ungerechtfertigte Diskussionen eingebracht. Schade, dass manche Leute das falsch verstanden haben, aber ich kann das andererseits nachvollziehen. Ein Pferd wie Johnny ist nichts für schreckhafte Leute.

Ohne mich selbst beweihräuchern zu wollen: Ich lege meine Hand dafür ins Feuer, dass Johnny in keinem anderen Dressurstall dieser Welt in den Grand-Prix-Sport oder gar in eine internationale Championatsmannschaft gekommen wäre. Mir jedoch hat er über viele Jahre treue Dienste geleistet als die zweite Besetzung hinter Bella Rose oder Weihegold. Und als ich ihn am dringendsten brauchte, bei den Europameisterschaften 2015 in Aachen, brachte er eine herausragende Leistung. Er war ja in der Mannschaft gewissermaßen der »Vierte Mann« hinter drei Stars, allen voran Totilas mit Mattias Rath, dessen Traum vom Titel allerdings unerfüllt blieb. Die Kür, die Don Johnson und mir damals gelang, war in meinen Augen herausragend. Zuvor, im Grand Prix Special, hatte ich mich noch verritten. Als ich zur Kür einritt, dachte ich: Ogottogott, was wird daraus werden? Don Johnson war dann aber so gut, dass er für mich der moralische Bronzemedaillengewinner war. Es fehlten nur ein paar Bruchteile hinter dem Komma.

Dass dieses Pferd in der Lage war, an einer Medaille bei der Europameisterschaft zu kratzen – das hätte ich selbst nicht geglaubt. Und wenn ich das vorausgesagt hätte, dann hätten sich alle an den Kopf gegriffen und gesagt: Die spinnt ja. Ich empfinde es für mich als Reiterin und Ausbilderin als eine der größten Auszeichnungen, dieses Pferd in eine solche Verfassung und zu solch konstanten Leistungen gebracht zu haben. Nicht nur wegen seines Übermuts. Johnny hatte auch körperlich nicht gerade ideale Voraussetzungen für den Spitzensport.

Die Beziehung zwischen Don Johnson und mir begann im Jahr 2006. Damals rief mich der Reiter und Ausbilder Matthias Klatt an und sagte: Ich habe ein Pferd, mit dem wirst du entweder Erste oder Letzte. Er brachte Don Johnson zu Madeleines Anwesen nach Mellendorf, damit ich ihn mir dort ansehen konnte. Und ehrlich: Ich werde nie den Moment vergessen, an dem ich ihn zum ersten Mal gesehen habe. Matthias hatte ihn draußen vor der Halle an den Anhänger gebunden. Vor mir stand, sorry Johnny, eine Mähre. Dieser Unterhals, diese hohe Kruppe – ich dachte, das kann doch nicht sein, dass mir so ein Pferd angeboten wird. Eigentlich kann Matthias es gleich wieder aufladen. Er hat ihn mir aber vorgeritten, und der Eindruck wurde unter dem Sattel schon besser. Ich erkannte Don Johnsons außergewöhnliche Beweglichkeit, seine Elastizität und fing an zu überlegen, was man aus diesem Pferd womöglich würde machen können.

Tja, was seinen Körperbau angeht … Böse Zungen würden behaupten, wenn du dich andersherum daraufsetzt, dann hast du das Pferd vor dir. Seine Konstruktion ist »bergab«, wie wir sagen, also hinten höher als vorne. Durch die Kruppenformation und den extrem tief angesetzten Unterhals wirkte Johnny vorne total kurzbeinig. Ich habe also in alter Verbundenheit den Doktor angerufen, mit dem ich damals eigentlich schon lange nicht mehr zusammenarbeitete, und ihn gefragt, wie er die Sache sieht. Ich habe gefragt: Wenn bei einem Pferd die Konstruktion so falsch ist, es sich aber außergewöhnlich gut bewegen kann – was mache ich da? Er meinte, wenn das Gangwerk derart super ist, musst du den eben formen. Natürlich erforderte diese Aufgabe eine Menge Wagemut. Als Madeleines Mann Dieter, der als ehemaliger Springreiter eine Menge von Pferden verstand, Don Johnson sah, fragte er nur: Was will sie denn mit dem? Madeleine aber sagte, ist doch egal, wenn sie den haben will, kriegt sie ihn. Lass sie machen. So ist Madeleine eben.

Aber klar: Das, was der Doktor »formen« nannte, ist niemals eine leichte Aufgabe. Ich habe Don Johnson zu Hause als Erstes an die Longe genommen, ihm Ausbindezügel angelegt und ihn mir genau angesehen. Dadurch habe ich gewissermaßen einen Blick in seine Zukunft geworfen. Wie würde er aussehen, wenn er diese Haltung – die richtige Verbindung zwischen Hinterhand und Gebiss – erst selbst würde halten können? Und dann dachte ich: Boah! Das ist ja super. Das kann gehen. Von einem Moment auf den anderen war ich überzeugt, obwohl ich natürlich wusste, welche Feinarbeit ich mit ihm leisten musste.

Es gibt einen Moment – eigentlich sind es nur Zentimeter –, in dem er trotz seines ungünstigen Körperbaus die Oberlinie entwickelt, die ein Dressurpferd braucht. Er hat nun mal diesen tief angesetzten Hals, der wie ein Hirschhals wirkt. Wenn er aber diesen Hals nicht nach unten herausdrückt, sondern nach oben, wölbt sich der Rücken auf, und das Pferd hat die richtige Aufrichtung. Dann kann auch solch ein Pferd die Bergabtendenz überwinden. Das heißt, ich musste seine Muskulatur so aufbauen, dass diese Bewegungsumstellung möglich wurde. Dass er erhaben wirkte wie ein edles Dressurpferd und nicht wie ein Dackel auf den Vorderbeinen entlanglief. Grob gesagt, natürlich. Es ging, wie gesagt, nur um eine Handbreit.

Wer nun glaubt, Johnny wäre in ein körperfremdes Schema gedrückt worden, täuscht sich. Ich kann es nicht oft genug sagen: Ich bin zutiefst davon überzeugt, dass einem Pferd das Dressurtraining erheblich nützt. Die physische Umstellung war für Johnny gesünder. Dadurch hat er gelernt, in der Bewegung seinen ganzen Körper zu nutzen, sodass nicht nur ein Teil des Körpers die ganze Last zu tragen hatte. Dasselbe gilt ja für junge Menschen: Wer seinen Körper trainiert und Fehlstellungen ausgleicht, dessen Bewegungsapparat bleibt gesund. Da kann man jeden Orthopäden fragen. Wäre Johnny weiter so vor sich hin geschuffelt, hätte ihm das wohl irgendwann Schwierigkeiten bereitet. Wenn er anfing zu traben, ging das am Anfang ganz mechanisch. Später trabte er in einen schönen, durchschwingenden Körper hinein. Dadurch, dass er einen solchen Schwungkörper entwickelt hat, änderte sich bei ihm die ganze Gewichtsverteilung. Auch das ist ein Grund, warum er körperlich bis heute dermaßen robust ist.

Ich habe nie einen Hehl daraus gemacht, dass mir Johnny mit seiner spielerischen Wildheit besonders ans Herz gewachsen ist. Seine Persönlichkeit liegt mir einfach, trotz seiner Eskapaden, die kein Ende nahmen. Er hat es doch tatsächlich einmal geschafft, hinten rechts in unserer Reithalle durch Auskeilen den Spiegel einzuschlagen. Er konnte die Beine bis ultimo hochschmeißen. Gott sei Dank handelt es sich um aufgeklebte Spiegel, sodass keine Scherben wegsplitterten, die ihn ernsthaft hätten verletzen können. In dem Moment hat er natürlich nicht das Ziel im Sinn gehabt, die Spiegelscheibe zu zerstören, sondern einfach aus einer Laune heraus ausgekeilt.

Er hat zudem seine Box zerschlagen. Johnny hat jedes Material ausgetestet und kaputt gekriegt. Einmal hat er fast ein Championat verpasst, weil er seine Tränke zerlegt hatte. Wir hatten extra einen Ball in seine Box gehängt, damit er etwas zum Spielen hatte und sich nicht an den Einbauten vergriff. Dann hat er diesen Ball angesprungen. Er hat ihn fast mit den Vorderbeinen umarmt. Ich habe gesagt, der arme Ball. Den nimmt er ja geradezu in den Schwitzkasten. Dabei hat er wie verrückt ausgeschlagen und die Tränke zerschmettert. Gott sei Dank hat er sich dabei nichts Ernsthaftes getan. Seitdem hat er nur noch Gummitränken bekommen. Üblicherweise werden die von einem Metallbügel gehalten, doch den mussten wir wegmachen, das wäre zu gefährlich gewesen. Wir hatten Bretter aus Bongossiholz in seine Box einbauen lassen, das ist Hartholz, von dem man uns versicherte, die kriege kein Pferd kaputt. Wir mussten feststellen: Johnny schon. Danach benutzten wir federnden Bambus.

Longieren war am Anfang ein Albtraum. Da hat er gebockt wie ein Rodeopferd. Ich bin die Einzige, die das überhaupt mit ihm gemacht hat. Alle hatten Angst, dass er sich irgendwann bei seinen Sprüngen doch einmal verletzen könnte. Kaum zu glauben, was dieser Wallach für Kamikaze-Sätze gemacht hat! Aus reinem Übermut. Schwierig war es anfangs auch, eine

Runde auf der Rennbahn mit ihm zu reiten. Er sprang dann gern vom griffigen Sand auf das rutschige Gras am Rand, und ich fürchtete, wir könnten uns beide zusammen hinlegen. Das war wirklich nicht lustig. Ich muss jedoch sagen: Ich hatte in Johnnys Sattel immer viel Respekt, aber keine Angst. Heute würde ich vielleicht Angst kriegen, weil man in meinem Alter nicht mehr so locker fällt wie einst und nicht mehr so mutig ist. Außerdem gilt bei mir trotz aller Freude an einem eigenwilligen Pferd: Manchmal kann Mut auch Dummheit sein. Also nicht auf Teufel komm raus den Willen durchsetzen. Lieber zwischendurch eine Runde longieren und danach langsam von vorne beginnen.

Im Nachhinein erzählt sind solche Geschichten natürlich lustiger, als wenn man sie gerade erleben muss. Klar ist allerdings auch: Es wäre nicht zielführend und nicht in meinem Sinn gewesen, Don Johnson allzu sehr regulieren zu wollen. Er ist nun mal, wie er ist, und er braucht ein Ventil für seinen Charakter. Ich glaube nicht, dass er seine großartigen Leistungen hätte bringen können, wenn ich versucht hätte, ihm seine Wildheit zu nehmen. Ich weiß nicht, ob das überhaupt möglich gewesen wäre. Er war nie ein Pferd, von dem ich hätte sagen können: Wenn ich mich einmal durchsetze, wird er brav. Es war einfach so mit ihm: Ich wollte etwas von ihm, und er hat einen Kopfstand gemacht. Nur weil er auf dem Weg zum Ziel ein paar Späßchen einlegen wollte.

Einer der wichtigsten Sätze, die der Doktor mir in meiner Anfangszeit gesagt hat, war: Du kannst ein Pferd nicht festhalten, du musst die Sache immer wieder über das Vorwärts auflösen. Das ist es, was man leicht vergisst. Man denkt, man muss das Pferd parieren, parieren, parieren. Aber das Pferd muss sich entfalten können, es muss seine Durchlässigkeit über das Vorwärts finden und nicht übers Rückwärtsreiten. Man neigt automatisch dazu, wenn ein Pferd zu stark nach vorne will, es festzuhalten. Das ist jedoch oft genau das Falsche, weil das Pferd dadurch immer mehr dagegenhält, statt dass es aus sich herauskommen darf und sich dabei entspannt. Erst denkt man, dadurch wird das Pferd zunehmend heißer und verrückter, aber das stimmt nicht. Es wird ruhiger. Es hat die Gelegenheit, Energie rauszulassen. Und es kann seine Persönlichkeit leben.

Ich finde es total wichtig, dass ein Pferd seine eigene Meinung hat und diese mitteilen kann. Ich möchte kein unterwürfiges Pferd, denn Grundlage meiner Arbeit ist nicht Unterwerfung, sondern Vertrauen. Ich möchte ein selbstbewusstes Pferd. Eines, das sich gelegentlich wehrt und sagt: Nein, bis hierher und nicht weiter. Das ist für Außenstehende mitunter schwer zu durchschauen, und in gewissen Situationen wirkt es, als werde das Pferd unterworfen. Das Gegenteil ist der Fall. Man lässt sich auch mal auf Fights ein, um sich mit ihm auseinanderzusetzen.

Ich brauche im Sport schließlich einen Fighter. Einen, der auch mal von sich aus sagt: Komm, jetzt geht's los! Das ist es, was ich als Reiterin und Ausbilderin vermitteln möchte. Die Leistungen, die wir im Spitzensport bringen – die erreicht man nicht mit einem unterwürfigen Pferd. Unsere Pferde müssen Ja sagen, okay, jawoll. Sie müssen im entscheidenden Moment genauso ticken wie ich. Nicht alle sind wie Johnny, jedes hat seine eigene Persönlichkeit. Und ich bin stolz darauf, dass ich mit so unterschiedlichen Pferden erfolgreich war und bin.

Johnny ist ein Paradebeispiel dafür, dass auch ein extremer Charakter positiv für die Entwicklung der sportlichen Leistung eingesetzt werden kann. Ich habe weiter oben beschrieben, dass er auf dem Abreiteplatz einmal bocken musste, damit er Dampf ablassen konnte und es nicht in der Prüfung tat. Das ist aber noch nicht der komplette Zusammenhang. Dieses Bocken half ihm, die nötige Körperspannung für die Prüfung aufzubauen, die er brauchte, um im Viereck seine körperlichen Defizite auszugleichen. Es war eine Gratwanderung: Er musste diese Körperspannung in die Prüfung mitnehmen, dazu seinen Ehrgeiz und seinen Vorwärtsdrang. Ich musste ihm also in der Vorbereitung zu seinem Ventil verhelfen. Aber zu viel durfte ich ihn nicht kitzeln, dann hätte er plötzlich hier und da seine Bocksprünge gemacht. Das war die besondere Herausforderung im Sattel von Don Johnson, wie sie sich bei keinem anderen Pferd stellte.

Johnny ist nun längst verabschiedet – seine letzte Prüfung kurz vor Weihnachten 2019 in der Frankfurter Festhalle war eine seiner besten. Da war er achtzehn Jahre alt. Längst ist er Mitglied in meiner Rentnergang. Wenn die Rentner an den Sommerabenden zu ihrer Joggingrunde aufbrechen, trabt er stets vorneweg. Er ist der Boss von dem ganzen Laden. Kürzlich war ich draußen und habe mir mal wieder meine Ruheständler aus der Nähe angesehen. Da befand sich Don Johnson gerade im Clinch mit Der Stern. Die beiden stiegen sich halb an und bissen sich gegenseitig in den Hintern. Ich habe gesagt, nun schau sich das einer an, dieser Johnny. So kennen wir ihn. Es gibt Menschen, die bewahren sich eine jugendliche Frechheit bis ins hohe Alter. Genau so ist Johnny.

Fazit: Wer einen Revolverhelden wie Don Johnson im Stall hat, der sollte sich der Herausforderung bewusst sein – und idealerweise lernen, dessen Energie positiv zu nutzen.

SATCHMO
zwischen Genie und Wahnsinn

Als ich Satchmo zum allerletzten Mal live sah, stand er fröhlich am Zaun und wieherte – immer gegen zwölf Uhr mittags wollte er von der Wiese in den Stall, kam schon ans Tor und verlangte lautstark danach, abgeholt zu werden. Dieses Wiehern – es blieb das Wiehern eines jungen Pferdes, auch als er bereits uralt war. Wenn mir heute jemand eine Aufnahme mit seinem Wiehern vorspielen würde, könnte ich sofort sagen, das ist Satchmo, mein genialer Satchmo, der mir einst so viele Sorgen und so viel Freude bereitet hat.

Seit er in sportliche Rente gegangen war, stand er zusammen mit seiner kleinen Kameradin Kelly auf der Wiese an unserem Haus, ich freute mich immer über seinen Anblick. Er hatte als altes Pferd eine ganz besondere Ausstrahlung – wie ein Buddha. Er blieb der kleine braune Knubbel, der er stets war, kugelrund und speckig auch im hohen Alter, nicht wie manche Pferde, die so rippig werden oder bei denen der Hüftknochen herausspringt und die Kruppe einfällt. Satchmo hatte sich eng an Kelly angeschlossen, eine Shettie-Stute. Sie teilten sogar zusammen im Stall eine Box und waren wie siamesische Zwillinge – Satchmo war nie weiter als zehn Meter von ihr entfernt. Zum Glück war Kelly immer die Unabhängigere und kommt allein zurecht. Aber sie war todtraurig, als er 2022 mit fast neunundzwanzig Jahren starb. Und ich ebenfalls.

Als ich in jenem Sommer mittags losgefahren bin nach Schleswig-Holstein, ins Trainingslager vor den Weltmeisterschaften in Dänemark, war noch alles in Ordnung mit ihm. Einen Tag später bekam ich jedoch einen Anruf, dass es ihm nicht gut gehe. Morgens beim Füttern hatte er in der Box gelegen, und sie konnten ihn nicht zum Aufstehen bewegen. Der Tierarzt sei da, und Satchmo befinde sich in Brustlage, also mit erhobenem Kopf und Hals. Meine Mitarbeiterin Merry hat mir ein Video geschickt, um mir zu zeigen, wie er dort lag. Er wirkte zufrieden und ruhig und fraß das Heu, das vor ihm lag. Ich war sehr unglücklich, dass ich nicht bei Satchmo sein konnte, und habe ständig mit dem Tierarzt telefoniert, und es stellte sich immer klarer heraus, dass die Situation dramatisch war. Der Tierarzt sagte, er habe ihm alles gegeben an Schmerzmitteln und Infusionen, was ihm zur Verfügung stehe, nun könnten wir nur warten, ob er sich wieder erholt und aufsteht. Wenn nicht, müssen wir der Tatsache ins Auge blicken, dass es mit ihm zu Ende geht. Er sagte, lass uns in zwei Stunden noch einmal telefonieren. Da ahnte ich schon, was in zwei Stunden sein würde.

Satchmo war gelähmt, er konnte die Hinterbeine nicht mehr bewegen. Irgendetwas im zentralen Nervensystem war gestört, oder vielleicht hatte er einen Tumor. Er lag da, hatte keine Schmerzen und keine Panik, aber konnte nicht hoch. Und wenn ein Pferd nicht nach einer gewissen Zeit wieder aufsteht, kann es an Organversagen elend zugrunde gehen. Ich war fünf Autostunden entfernt, und es hätte nichts gebracht, das Pferd auf mich warten, also länger leiden zu lassen als nötig, nur weil ich mich persönlich von ihm hätte verabschieden wollen. Auf keinen Fall wollte ich irgendetwas auf seine Kosten erzwingen. Ich habe dann über FaceTime mit meiner Mitarbeiterin Merry telefoniert und mich auf diesem Wege von Satchmo verabschiedet. Das war herzzerreißend. Er hat mich gehört und gesehen. Ich hatte den Eindruck, dass er meine Stimme erkannt hat.

Dass man als Mensch die Leidenszeit eines Tieres beenden kann, wenn alles andere nicht mehr vertretbar ist, ist ein Segen. Ich kann eine Entscheidung zum Wohl des Pferdes treffen. Und Satchmo war ja ziemlich alt. Wenn es eine Chance gibt, kämpfe ich um alle meine Pferde, auch um solche, die andere längst aufgeben würden, weil etwa die Kosten für eine Operation sehr hoch sind. Für das Wohlbefinden meiner Pferde mache ich alles, was möglich und vertretbar ist, bis ins höchste Alter. Aber wenn ich ein Pferd habe, das alt ist und nicht mehr kann, das sich nur noch quält, dann bin ich total im Reinen mit mir, wenn ich es vom Tierarzt einschläfern lasse. Schlimm war nur, dass ich in Satchmos Fall nicht dabei sein konnte. Das ist für mich eigentlich selbstverständlich, eine Pflicht und eine Verantwortung. Doch diesmal hat es nicht sollen sein.

Satchmo hat mich mit seinem Charakter in meiner innersten Persönlichkeit berührt. Und er hat in seiner aktiven Zeit meine Gedanken eine Zeit lang extrem in Anspruch genommen. Zum Zeitpunkt unseres Abschieds hat die Erinnerung an seine einstigen Panikattacken, die ihn eine Zeit lang wie aus dem Nichts gepackt hatten, aber keine wichtige Rolle mehr gespielt. Ich habe die Erklärungen dafür gefunden und mich danach nur noch gefreut, dass er ein so schönes Alter hatte. Was sein Leben und seine Karriere indessen deutlich machen: Wie schwer es für eine sensible Seele ist, mit einem Trauma fertigzuwerden. Und dass dessen Spuren nie ganz verschwinden.

Vorausschicken muss ich, dass Satchmo eigentlich gar kein ängstliches Pferd war. Ganz im Gegenteil, er war sehr selbstbewusst und frech. Nicht böse, nur frech. Der Doktor kaufte ihn mit zweieinhalb Jahren auf dem Hengstmarkt in Hannover. Er hatte es nicht geschafft, als Vererber anerkannt, also gekört zu werden, wurde deswegen versteigert, und das Interesse war groß. Sogar Paul Schockemöhle bot auf ihn, er wollte aufgrund von Satchmos Abstammung ein Springpferd aus ihm machen, stieg aber aus, weil er angeblich dem Doktor den Vortritt lassen wollte. Tatsache ist, dass der Doktor ihn für siebzigtausend Mark gekauft hat, was für einen nicht gekörten Hengst sehr viel Geld war. Er gab ihn an den Ausbildungsstall von Reinhard Baumgart in der Nähe von Verden zum Anreiten – das hat er oft gemacht, Reinhard war auch sein Berater bei Auktionen. Eines Tages rief Reinhards Sohn Hannes Baumgart beim Doktor an und fragte: Muss der wohl Hengst bleiben? Wir wussten natürlich sofort, warum er das fragte. Sie hatten ihre liebe Not mit Satchmos Ausbildung, weil er explosiv und empfindlich gegen Reize war. Immer wenn es mit Satchmo in der Bahn schwierig wurde, rief Hannes nur: Drehen, drehen, drehen! Satchmo wurde in einen Kringel nach dem anderen geführt, um ihm die Möglichkeit zu nehmen, nach vorne wegzurennen und loszubocken. Wir folgten seinem Vorschlag und ließen Satchmo kastrieren. Doch auch als Wallach hatte er mehr als genügend Temperament.

Nach einem halben Jahr ritt Hannes ihn vor. Er ist ziemlich groß, und Satchmo war ein kleines Pferd, gefühlt fast ein Pony, sodass wir fanden, die Proportionen stimmten nicht. Also kam er mit knapp drei Jahren zu uns, lediglich angeritten. Und dann fing das Fliegen an. Du liebe Güte! Von keinem Pferd bin ich häufiger heruntergefallen als von Satchmo. Man flog aber gut von ihm, weil er so elastisch war, und landete nicht stumpf irgendwo. Und ich selbst war zu jener Zeit ebenfalls elastischer. Als ich jung war, hatte ich wenig Probleme mit dem Fallen. Ich sage immer ganz ketzerisch, früher bin ich geflogen, heute macht es nur noch platsch. In meinem Alter ist es besser, ich falle nicht mehr so oft. Damals ging's einfach zurück aufs Pferd, und weiter, als wäre nichts gewesen. Bei Satchmo ging es eben zack, zack. Ehe du dich versehen hast, war sein Kopf unten, er bockte los, und weg warst du.

Herrlich war, dass es allen passierte, nicht nur mir. Also auch den Bereitern, die beim Doktor arbeiteten, den starken Männern. Die haben erst einmal gelacht. Ich werde nie vergessen, wie einer von ihnen Satchmo reiten wollte und ich ihm sagte, pass auf, von dem kannst du schnell runterfliegen. Er spottete: Was, von dem Knirps? Er hatte es noch nicht ausgesprochen, platsch, lag er schon im Dreck.

Satchmo war eben extrem elastisch, extrem beweglich, deshalb konnte er uns so leicht herunterwerfen. Er konnte in der Luft plötzlich die Richtung verändern. Darum war ich sogar stolz, dass ich es schaffte, immer längere Zeit im Sattel zu bleiben. Unser damaliger Pfleger Antony, ein Franzose, hielt eines Tages beim Reiten inne und sagte auf Englisch: *»I am very impressed.«* Weil ich diese Bocksprünge so lange ausgehalten habe. Wobei ich sagen muss: Satchmos Beweglichkeit war natürlich nur dann ein Problem, wenn er vor lauter Übermut seinen Reiter loswerden wollte. Ansonsten waren seine Elastizität und Körperbeherrschung ideale Voraussetzungen für ein Dressurpferd. Es lief im Training auch alles wie gewünscht. Er entwickelte sich zusehends und hatte keinerlei Anflug von Panikattacken. Er war heiß, doch es gab keinen Moment, an dem er sich umgedreht und die Mitarbeit aufgekündigt hätte. Als Dressurpferd war er ein Genie. Aber er bewegte sich auf einem schmalen Grat. Er war eine extreme Persönlichkeit – zwischen Genie und Wahnsinn. Und leider ist er durch das Trauma, das er als junges Turnierpferd erleben musste, immer wieder in den Wahnsinn hinübergekippt.

Es passierte 2003 – wir waren in Warendorf im Trainingslager, bevor die Reise losging zur Europameisterschaft nach Hickstead. Satchmo war neun Jahre alt, und es war sein erster internationaler Titelkampf. Mein Pfleger Hacki ging mit Satchmo in eine Waschbox zum Abwaschen. Dabei rutsche das Pferd aus und blieb mit dem Hinterbein in einem Schlitz am Boden hängen. Natürlich hätte da kein Schlitz sein dürfen, dann hätte sich Satchmo nicht verletzt. Beim Herausziehen des Beines hat er sich eine Fleischwunde zugezogen, die getackert werden musste. Die große Frage, die sich dem Doktor, mir und der Mannschaftsführung stellte, war: Was machen wir jetzt? Hickstead, ja oder nein? Bis zu diesem Moment war Satchmo super in Schuss und ein Kandidat für die Olympischen Spiele ein Jahr später in Athen. Wir waren davon überzeugt, dass es besser war, Satchmo vor dem Olympiajahr eine Championatserfahrung machen zu lassen. Es war nur eine oberflächliche Verletzung, er lahmte auch nicht, dennoch habe ich ihn nur noch geführt, damit seine Wunde nicht wieder aufbrach. Als ich in Hickstead ankam, führte ich ihn immer noch. Das war sportlich gesehen nicht schlimm, Satchmo war so gut, er brauchte nicht erneut Lektionen zu üben. Doch dieser Start in Hickstead war im Rückblick ein großer Fehler. Das Pferd war verunsichert und deshalb mit dem Start überfordert.

Natürlich konnte ich die Folgen nicht erahnen. Auch heute wäre ich nicht in der Lage, vorauszusehen, dass ein Unfall wie in Warendorf einem empfindlichen Pferd einen solch heftigen psychischen Knacks zufügen kann. Doch heute würde ich, aufgrund der Erfahrung mit diesem Pferd, anders handeln. Ich würde nach Hause fahren und sagen, das hat keinen Sinn. Erst einmal Ruhe, einmal Luft holen, und wir fangen wieder neu an. Was nicht heißt, dass ich die Folgen bei Satchmo mit Sicherheit hätte vermeiden können. Womöglich saß das Trauma ab dem Moment des Unfalls zu tief und wäre in jedem Fall hochgekommen.

Das erste Mal, dass er aus dem Nichts die Luft anhielt, war in Hickstead auf dem Abreiteplatz bei der Vorbereitung zum ersten Wettbewerb. Er blieb plötzlich stehen und zögerte einen kurzen Moment, als ich an einer bestimmten Stelle abbog. Dann ging es wieder weiter. Und in der Prüfung machte er es auch. Das war das erste Mal, dass ich so etwas mit ihm erlebte, und das bei einer Europameisterschaft. Am Viereck standen diese dunklen Kästen, an den langen Seiten, mit Bildschirmen, auf denen die Zuschauer die Zwischennoten ablesen konnten. Diese Tafeln jagten ihm offensichtlich den Schrecken ein. Ich spürte im Sattel, wie er beim Abwenden zur ersten Piaffe erstarrte. Ich kann es nicht vergessen. Ich konnte überhaupt nicht einordnen, was ich da gerade erlebte, und wusste darum auch nicht, wie ich reagieren und ihm helfen sollte. Ich war selbst perplex. Noch heute sehe ich die Szenerie genau vor mir.

Das war der Anfang einer harten Zeit, Hickstead war der Startschuss gewesen für solche Zwischenfälle, meistens beim Abwenden, meistens zur Piaffe, die sich zunehmend in Richtung Panikattacken entwickelten. Diese Reaktionen kamen immer häufiger, je mehr ich versuchte, das Problem zu lösen. Rückblickend glaube ich, dass die dunklen Tafeln auf dem Turnierplatz in Hickstead ihn an die dunkle Waschbox in Warendorf erinnert haben. Dieses finstere Loch und der Aufprall beim Sturz hatten sich in seiner Psyche negativ verbunden. Das gibt es bei Menschen ebenfalls: Wer einmal die Treppe runtergefallen ist, fürchtet sich vor unsicheren Stufen.

Mit der Zeit haben sich die Attacken potenziert. Ich habe natürlich versucht, dagegen anzuwirken. Doch je mehr ich dagegen angeritten bin, je mehr ich versucht habe, das Verhalten zu korrigieren, desto stärker wirkte auch er dagegen an, und wir haben uns gegenseitig hochgeschaukelt. Satchmos Reaktionen wurden immer panischer. Und wir beide wurden immer verzweifelter. Egal, was ich gemacht habe: Es wurde schlimmer. Ich versuchte, ihn durch viel Reiten zu ermüden. Das brachte keinen Erfolg. Ich versuchte, ihn zu schonen – wieder nichts. Ich versuchte, die entscheidenden Übungen zu wiederholen, die ihn in Angst versetzt hatten – nichts. Ich versuchte, diese Übungen zu vermeiden – nichts. Ich gab ihm mehr Erholung auf der Wiese zusammen mit Kelly. Ich versuchte es damit, ihn auf der Rennbahn durchatmen zu lassen. Ich arbeitete ihn vor der Prüfung wenig. Ich arbeitete ihn vor der Prüfung viel. Ich versuchte es mit Strenge, was ich gleich wieder bereute. Nichts half. Später sagte ich immer: Wenn mir zu der Zeit jemand gesagt hätte, das Problem wäre gelöst, wenn ich mit gemahlenen Rattenzähnen nackt um den Kirchturm laufen würde, dann hätte ich das gemacht. Ich verbrachte schlaflose Nächte und beratschlagte mich ständig mit Madeleine, die inzwischen Satchmos Besitzerin geworden war, am Telefon. Auch mein damaliger Trainer Wolfram Wittig hatte keine Lösung. Madeleine zweifelte nie an mir, obschon durchaus einige Einflüsterer ihr zu einem Reiterinnenwechsel rieten.

Das Gefühl, ich hätte einen Ausweg gefunden, stellte sich nicht ein. Der Knoten wollte nicht platzen. Wenn eine Prüfung gut gelaufen war, bedeutete das, dass wir unter höchster Anspannung durchgekommen waren und diesmal die Katastrophe ausgeblieben war. Und das ging zwei Jahre lang so. Olympia in Athen 2004 schaute ich mir im Fernsehen an. Ich war sicher, dass Satchmo zu dieser Zeit das beste Dressurpferd der Welt war. Aber ich konnte den Weg zu ihm nicht finden.

Eine Untersuchung in der Tierklinik Hochmoor ergab schließlich einen Befund, der zur Lösung führte: Satchmo hatte Schlieren in den Augen, eine Art Fischchen, die durch sein Bild schwammen – auf der einen Seite stark, auf der anderen Seite mittelstark. Eigentlich ist das nichts Besonderes. Ein degenerativer Prozess im Auge eines Pferdes, der nur wenigen ernsthafte Schwierigkeiten bereitet. Um sicherzugehen, dass dies die Ursache für seine Panikattacken war, haben wir zu Hause Versuche mit Augen- und Scheuklappen gemacht, und merkten, dass sie ihm guttaten. Satchmo blieb ruhig, auch als wir eine Turniersituation simulierten und ich mit ihm eine Prüfung ritt. Also beschlossen wir, ihn operieren zu lassen. Einige Wochen später starteten wir in Stuttgart – er ging die

Prüfung, ohne zu stocken. Und unsere Note: Weltrekord! Die Augenoperation war die Lösung gewesen. Ich kann mir gut vorstellen, dass die Traumatisierung in der stockdunklen Waschbox die Problematik lediglich zum Vorschein gebracht hatte.

Und dann kam die Weltmeisterschaft 2006 in Aachen. Eigentlich war vorgesehen, dass ich dort Warum nicht reiten sollte. Satchmo war bereits bei der letzten Sichtung besser gewesen als Warum nicht, erhielt aber trotzdem weniger Punkte. Man traute Satchmo noch nicht recht über den Weg, und ich fügte mich der Entscheidung, obwohl ich lieber mit Satchmo gestartet wäre. Doch kurz darauf verletzte sich Warum nicht, zum Glück nur leicht. Es war wie eine Fügung des Schicksals für mich. Alle anderen hielten die Luft an. Während der damalige Bundestrainer Holger Schmezer schon Schweißperlen auf der Stirn hatte, meinte Mannschaftsarzt Björn Nolting nur trocken: Ihr könntet vielleicht unser Joker sein. Wir ritten damals im großen Stadion mit fünfundvierzigtausend Zuschauern. Und ich fühlte nicht eine Sekunde der Unsicherheit oder Sorge, dass was Negatives passieren könnte. Ich war auf diesem Pferd zu Hause und fühlte mich vollkommen sicher. Natürlich war er ein Pulverfass – aber im positiven Sinne.

In Aachen erlebten Satchmo und ich unsere Sternstunde. Als ich einritt in diesen Hexenkessel, spürte ich, dass etwas Großes im Gange war, etwas Elektrisierendes. Satchmo blieb ganz bei sich. Alles ging ganz leicht, und Satchmo hielt nicht einmal für den Bruchteil einer Sekunde den Atem an, als er zur Piaffe ansetzte. Wir traumwandelten von Runde zu Runde, von Raum zu Raum. Es war überwältigend. Alles stimmte. Was ich erst später feststellte: Während beinahe der ganzen Prüfung lagen wir knapp hinter meiner Dauerkonkurrentin Anky van Grunsven mit Salinero. Doch mit einer perfekten letzten Mittellinie gingen wir ganz zum Schluss in Führung.

Die Zuschauer fingen an zu raunen – und dieses Raunen trug uns vollends zum Erfolg. Und dann das Halten. Ich werde das nie vergessen. Satchmo und ich wurden Weltmeister. Das Trauma schien vollkommen überwunden.

Tatsache ist, dass er nie mehr solche Panikattacken bekommen hat wie in den Jahren 2003 bis 2005. Außer in Hongkong. Ausgerechnet bei den Olympischen Spielen 2008, wo wir einsame Favoriten waren. Ich glaube, dass er dort ein Déjà-vu-Erlebnis hatte. Ich bin mit ihm zum Training auf den Abreiteplatz gekommen, und dort war ein riesiger Bildschirm aufgebaut, auf dem Szenen von den vorangegangenen Spielen gezeigt wurden. Nonstop zeigten sie Athen, und die Pferde wurden ganz groß herangezoomt.

Ich werde nie vergessen, wie ich im Schritt auf den Abreiteplatz reite, und in dem Moment zeigen sie auf dem Bildschirm Martin Schaudts Weltall in Überlebensgröße, der auf uns zukommt. Satchmo muss das Gefühl gehabt haben, er wird überrannt. Er ist dermaßen erschrocken – und hat sich fast überschlagen. Bei all unseren Schwierigkeiten war er nie gestiegen, nie. Aber nun ging er hoch, drehte weg und fiel dabei fast hin. Ich glaube, dieses Erlebnis hat ihn zurück in das alte Trauma gezwungen. Vielleicht hat er sich wehgetan, als er sich herumgeworfen hat, wie einst beim Fallen in der Waschbox, was ja der Anfang von allem gewesen war.

Das Problem nahm seinen Lauf: Nachdem wir in Hongkong die erste Prüfung überzeugend gewonnen hatten, erstarrte Satchmo im Grand Prix Special plötzlich und ging rückwärts. Und in der Kür wiederholte sich das Ganze in ähnlicher Form. Es war ein Schock. Irgendwie ritt ich weiter, der Automatismus funktionierte, aber ich war wie in Trance. Es wird Satchmos Geheimnis bleiben, warum er nicht bereits in der ersten Prüfung einen Schreckensmoment erlebte.

Ohne diese Attacke hätten wir nach dem Mannschaftssieg auch die olympische Goldmedaille in der Einzelwertung gewonnen. Sie lag auf dem Silbertablett vor uns. Wir waren so gut – trotz der Fehler wurden wir noch Zweite. Wenn ich darüber nachdenke, tut es mir ein bisschen leid für Satchmo, er ist dadurch im Sport ein Stück weit unvollkommen geblieben. Das Gold lag ihm zu Füßen. Es war verrückt. Fast schon wie ein Schicksalsschlag. Es galt der Satz, den der Doktor oft sagte: Wenn Pferde zu irgendeiner Art Kurzschlussreaktion neigen, dann kommt sie immer irgendwann wieder, und zwar in dem Moment, wo du nicht mehr damit rechnest. So war es. Es hatte nicht sollen sein.

Hongkong blieb eine Ausnahme. Er hat es nie wieder gemacht. Satchmo wurde zu dem Pferd, dem ich am meisten vertraute. Ich habe ihn unmittelbar vor der Geburt meines Sohnes geritten, ich wusste, er passt auf mich auf. Er wird für immer eine besondere Stellung in meinem Leben haben, vor allem, weil ich so viele Jahre mit ihm verbracht habe. Und weil ich so viel über ihn nachgedacht habe. Er hat mich durchweg gefordert. Es gibt solche Pferde, auf denen sitzt du und weißt, mit ihnen ist alles möglich. Weil sie derart außergewöhnlich sind. Und dann stellen sie dich dennoch vor Probleme. Satchmo hat mich Demut gelehrt.

Fazit: Wer ein Pferd zwischen Genie und Wahnsinn im Stall hat wie Satchmo, der sollte sich auf schlaflose Nächte gefasst machen. Doch die Opfer könnten sich lohnen.

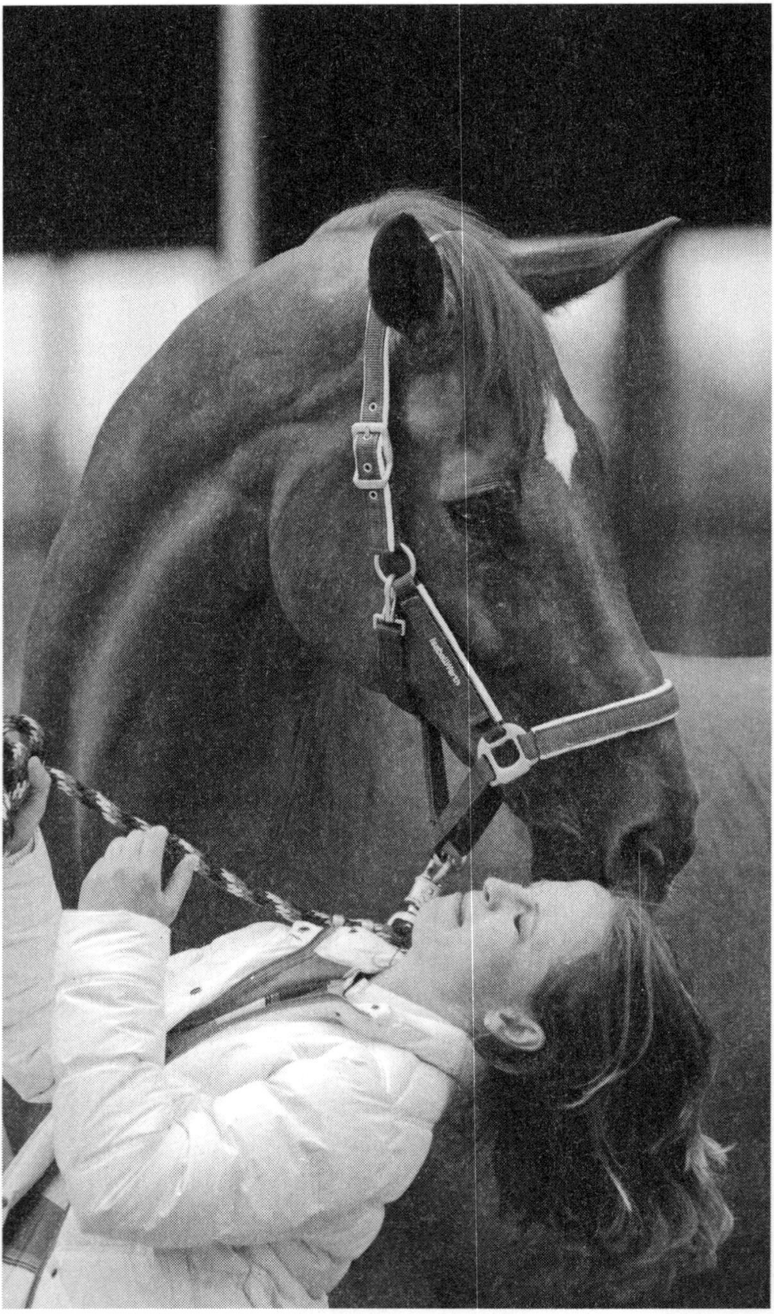

WARUM NICHT
der Hysteriker

Warum nicht war eine mächtige Portion Pferd, ein Riese, 1,85 Meter Stockmaß. Und es war nicht allein die Höhe, die beeindruckte: Alles an ihm war ein bisschen überdimensioniert, er war auch sehr lang, er hatte von allem zehn Zentimeter mehr als alle Pferde, die ich vorher gekannt hatte. Und die Schlappohren! Diese langen Ohren richtete er wie ein starres Teleskop nach vorne. Ich habe immer gesagt, der hat in den Ohrspitzen noch ein zweites Paar Augen wie ein Außerirdischer. Und mit denen lauerte er auf Gefahren, von denen nur er wusste, dass sie uns drohten. Kurz, er war glotzig. So nennt man das in der Umgangssprache der Pferdeleute. Das soll heißen, er hatte eine extrem überempfindliche Wahrnehmung. Ein glotziges oder auch guckiges Pferd stellt für einen Reiter eine ziemliche Nervenprobe dar. Aber natürlich sind Probleme da, um gelöst zu werden.

Als ich ihn Anfang der 2000er-Jahre bekam, wusste ich noch nichts von seiner Eigenart. Madeleine und ich waren auf der Suche nach einem sechs- oder siebenjährigen Pferd gewesen, mit dem man auf Turnieren schon etwas anfangen konnte. Und Hannes Baumgart, zu dem ich großes Vertrauen habe, sagte, er habe da ein tolles Pferd namens Warum nicht. Er brachte ihn auf das Verbandsgelände nach Verden, ich schaute ihn mir in der Abreitehalle an und war sofort begeistert von diesem riesigen Fuchswallach. Der Schwung, seine Übersetzung, der ganze Auftritt gefielen mir. Ich sah natürlich, dass er eine sehr schlanke Oberlinie hatte, das heißt die Muskulatur oberhalb der Wirbelsäule war schwach ausgebildet, und dass ich daran würde arbeiten müssen. Aber so etwas Ähnliches kannte ich bereits von Gigolo und war guten Mutes, dass ich ihn durch Training weiter würde formen können. Und damit auch die Anlehnung stabilisieren, das heißt die Verbindung zwischen Reiterhand und Pferdemaul, die stark von der Biegung seines langen Halses abhing. Das gelang mir auch. Mit der Zeit wurde seine Anlehnung immer konstanter. Er war einer, der entweder total schön oder total hässlich aussehen konnte. Seinen Körper zu formen und seine Schönheit zur Geltung zu bringen, das war meine Aufgabe.

Ziemlich ungeeignet für den Alltag war sein Name. Und so nannte ihn kaum jemand Warum nicht. Irgendwann sagte Hacki, unser damaliger Pferdepfleger, komm, Hannes, nach dem Vorreiter Hannes Baumgart, und schon hieß das Pferd für alle Zeiten Hannes. Die Geschichte, warum er Warum nicht genannt worden war, ist mir übrigens bekannt: Reinhard Baumgart, der Vater von dem zweibeinigen Hannes, hatte ihn als Fohlen gekauft und wurde von seinen Kollegen gefragt: Mensch, was willst du denn mit dem? Mit einer solchen Abstammung! Und er sagte: Warum nicht?

So reden Züchter eben untereinander. Und Hannes hatte einen Pedigree, der nicht jeden Insider überzeugte. Er stammte von dem Hannoveranerhengst Weltmeyer und seine Mutter von Wenzel I. Weltmeyer hat damals viel gedeckt, doch man sagte ihm nach, dass seine Nachkommen oft nicht einfach zu reiten seien. Und von Wenzel I hieß es, er produziere zwar viele gute Pferde, aber es bestehe die Gefahr, dass sie einen sogenannten »Ton« hätten. Das ist ein Kehlkopfpfeifen, das in schlimmen Fällen die Atmung beeinträchtigt. Tatsächlich war Hannes am Ton operiert, als wir ihn bekamen. Aber ich hatte gute Erfahrungen mit Hannes' Großvater: Antonys Mutter stammte ebenfalls von Wenzel I. Und gegen Weltmeyer als Vatertier hatte ich ebenfalls nichts. Die Einstellung der Züchter zu dem Hengst änderte sich mit der Zeit ohnehin. Heute hat man ihn gern vor allem als Erzeuger auf der Mutterseite, also als Großvater mütterlicherseits, weil er viel Schwung vererbt.

Das größte Problem mit Hannes: Er war von Anfang an bodenscheu. Das heißt, er hatte Angst vor allem Unbekannten, was sich unter seinen Füßen bewegte. Bodenscheue Pferde können sich schon vor einem Lichtflecken fürchten, manche sind dermaßen ängstlich, dass sie über eine solche Stelle nicht drübergehen und zur Seite springen. Diese Angst vor unbekannten Phänomenen verschlimmerte sich, je weiter wir uns in die Turnierwelt hineinwagten. Ein Auslöser war ein Erlebnis in der Bremer Stadthalle. Es passierte nicht beim Reiten, sondern beim Führen. Ich war mit ihm und Satchmo angereist, Hannes sollte nur eine kleine Prüfung gehen, und Hacki und ich führten die beiden Pferde in den Stallbereich.

Auf dem Boden lagen große Teppichstücke, die aber noch nicht ganz verklebt waren. Ich ging mit Hannes vorneweg, und plötzlich fingen diese Teppiche an zu rutschen. Satchmo hinter mir behielt zum Glück die Fassung, aber Hannes rastete aus. Er sprang wie ein Wahnsinniger von links nach rechts, die Teppiche flogen durch die Luft, und die Situation wurde wirklich gefährlich. Die Teppiche waren ja gelegt worden, weil der eigentliche Untergrund, nämlich Keramikfliesen, zu rutschig war für die Pferde. Ich sah mich schon mit Hannes stürzen und uns beide daliegen mit gebrochenen Beinen. Es war ein Albtraum. Zum Glück konnten wir uns auf den Abreiteplatz retten, wo der Boden stabil war. Aber danach reagierte das Pferd noch heftiger auf seiner Ansicht nach unsicheren Boden.

Einmal, in Münster, kam unter dem Teppich sogar Plastik hervor. Wahnsinn. Zu meinen Turnierplanungen kam eine neue Herausforderung hinzu. Ich musste herausfinden, ob wir dort über Teppich laufen mussten, und wenn ja, einen Umweg finden, denn wenn Hannes so die Panik packte, konnte ich ihn nicht halten. Dann sah er Rot.

Schon ganz am Anfang seiner Karriere hatte es Anhaltspunkte gegeben. Ich werde nie vergessen, wie wir beim Turnier in der Frankfurter Festhalle starteten, das immer kurz vor Weihnachten stattfindet und üppig dekoriert ist. Wir hatten uns für das Finale der Nachwuchsserie Nürnberger Burgpokal qualifiziert. Die Einlaufprüfung klappte einigermaßen, obwohl er da schon seine Teleskopohren ausgefahren und Störungen identifiziert hatte. Ich merkte, dass er sich auf die Weihnachtsmänner in der Arena einschoss. Und in der Finalprüfung konnte ich ihn nicht mehr um die Kurve kriegen. An jedem Weihnachtsbaum und an jedem Weihnachtsmann, die da herumstanden, guckte er sich fest, stoppte und war kaum zum Weitergehen zu bewegen. Ich geriet in echte Schwierigkeiten.

Was also tun? Nach all diesen Erfahrungen haben wir zu Hause mit ihm geübt. Wir haben auf dem Trainingsplatz alles Mögliche für ihn aufgebaut. Hier ein Bäumchen, da einen Blumentopf. Wir haben Decken über die Begrenzungen gehängt, sogar Plakate und Bandenwerbung angebracht und immer wieder etwas umdekoriert, um ihn an lebhafte und sich verändernde Kulissen zu gewöhnen. Wenn es für ihn weitergehen sollte auf den Turnieren, musste er abgeklärter werden, so viel war klar.

Die Maßnahmen halfen sehr. Aber er hat sich eine ganze Zeit lang selbst im Wege gestanden mit seiner Verhaltensweise. Das Fatale in den Prüfungen: Wenn er einmal geguckt hatte und weggesprungen war, dann passierte stets ein Folgefehler. Es war, als wäre ein Bann gebrochen, er wurde unkonzentriert und fokussierte sich derartig auf sämtliche angeblich schrecklichen Dinge am Wegesrand, dass es schwer wurde, die Lektionen weiter zu absolvieren. Eigentlich war schon nach dem ersten Zwischenfall die Prüfung verdorben, weil er das alles in die Lektionen mitgenommen hat. Anders als andere Pferde vor ihm. Rembrandt etwa, mit dem Nicole Uphoff eine Zeit lang alles gewann, konnte auch während der Prüfung mal wegspringen, und niemand wusste, welcher Blumentopf oder welches Herbstblatt ihn dazu gebracht hatte. Aber das hatte selten eine Auswirkung auf die Lektion, er tat es meistens dazwischen. Hannes dagegen konnte mitten in der Passage oder Piaffe wegspringen. Das war schon manchmal hart für mich. Und es hat ein paar Jahre gedauert, bis sich das gesetzt hatte.

Ganz ging es im Übrigen nie weg. Einmal bin ich mit ihm in London die Weltcupkür geritten, also ganz großer Rahmen. Leider hatte es vor unserem Auftritt eine Schaunummer gegeben, und dabei hatte jemand ein winziges Fetzchen glitzerndes Schmuckzeug verloren, wirklich ganz klein. Das lag noch im Viereck, auf der Diagonalen. Da hat Hannes einen großen Bogen drum gemacht. Oder Aachen, als ich mit ihm in einer Rahmenprüfung startete. Ich ritt auf dem Vorbereitungsplatz, und irgendetwas stimmte nicht mit der Kandare oder der Fliegenhaube, jedenfalls kam mein damaliger Trainer Wolfram Wittig angerannt, um mir zu helfen. Die Viereckumrandung bestand zu jener Zeit noch aus eingesteckten Planken, und über diese Absperrung stolperte Wittig. Er knallte mit einem lauten Geräusch dagegen, was wiederum Hannes nachhaltig verunsicherte. Er erschrak so, dass er nicht mehr bereit war, sich dieser Absperrung zu nähern. Und auch in der Prüfung schaffte ich es nicht mehr, mit ihm an den Rand heranzukommen. Jedes Mal starrte er diese Planken an, und sein Sondierungskommando meldete ihm offenbar, dass sie ihm gleich entgegenspringen würden.

Je älter Hannes wurde, desto abgeklärter wurde er. Doch selbst in seinen späten Jahren, als wir den Anspruch hatten, ganz vorne mitzumischen, war er immer noch gut für einen

Sprung auf die Seite. Es musste nur etwas Plötzliches passieren, was nicht ins Schema passte. Einmal, es war 2006, starteten wir beim CHIO in Aachen, nun längst in der Großen Tour, und es gab eine Unterbrechung wegen Sturm und Gewitter. Es war, glaube ich, das einzige Mal, dass in Aachen eine Dressurprüfung wegen des Wetters unterbrochen wurde, und ausgerechnet da war Hannes am Start. Wir waren schon auf dem Abreiteplatz gewesen, doch nun mussten alle in die Trainingshalle gehen und abwarten, bis das Schlimmste vorübergezogen war. Hinterher hatte jemand die grandiose Idee, die Umrandung zusätzlich abzusichern mit einer weiteren Umrandung. Und Hannes? Nach der ungewohnten Unterbrechung und der Veränderung am Viereck war er nicht mehr an die lange Seite zu bekommen. Er hat notorisch das Viereck angeglotzt. Er guckte seitlich runter wie mit einem Teleskop. Wenn es gut ging, konnte ich ihn noch an den kritischen Stellen vorbeikriegen, mit der Basislektion »Schulter vor«, bei der der Kopf der Bande abgewandt ist. Wenn es nicht gut ging, machte er einen Sidestep, und ich war raus. Die Prüfung in Aachen war perdu für uns und damit auch die ganze Serie des Wochenendes.

Ich muss zugeben: Die Hysterie war ansteckend. Von solchen Erfahrungen bleibt bei einem selbst eine Phobie zurück. Jahrelang hatte ich Probleme, Pferde über Teppichboden zu führen. Ich wartete jedes Mal darauf, dass es womöglich rutschig werden und das Pferd Angst kriegen könnte. Man hat ja immer die Sorge, dass dann ein Pferd hinschlägt und nicht mehr hochkommt. Eine Zeit lang hatte ich einen Pfleger, der mich deswegen ausgelacht hat. Er dachte an gar nichts, nahm Hannes und führte ihn einfach unbekümmert weiter. Ich habe bei allen Turnieren, bis zu seinem Abschied vom Sport im Jahr 2012, versucht, Situationen mit Teppich auf dem Boden zu vermeiden. Beim Turnier in s'Hertogenbosch hat der damalige Turnierleiter Frank Kemperman mir sogar eine Box direkt am Abreiteplatz gegeben und auf dem Weg dorthin Sand aufschütten lassen, sodass ich Ruhe hatte. Solche Lösungen mussten wir gelegentlich finden.

Ich muss zu Hannes' Ehrenrettung sagen: Er hatte zwar seine Macke. Aber erstens war er die meiste Zeit ein sehr braves Pferd, ein sanfter, stets gut gelaunter Riese. Und zweitens war er ein Dressurpferd von internationaler Klasse. Und ansonsten eigentlich cool. Er war positiv aufgeladen, heiß, nie irgendwie ängstlich. Seine größten Stärken waren die Trabverstärkungen und die Seitengänge, und wenn er nicht so heiß war, ebenfalls der Schritt. Und die Pirouetten waren sehr gut. Er hatte leider den Nachteil, im Schatten von Satchmo zu stehen. Für die Weltmeisterschaften 2006 in Aachen war ja eigentlich er vorgesehen gewesen, und wenn er sich nicht leicht verletzt hätte, wäre Satchmo nicht zu seinem überaus erfolgreichen Einsatz gekommen. Zu dem Zeitpunkt war Hannes aber auch erst zehn und hatte noch nicht seinen Zenit erreicht.

Das war zwei Jahre später, im Jahr der Olympischen Spiele, schon anders. Heute, da ich weiß, was mir in Hongkong mit Satchmo passierte, denke ich manchmal, vielleicht hätte ich mich an jenem Tag für Warum nicht entscheiden sollen. Er war in einer super Verfassung, allerdings stand mein Faible für Satchmo diesem Gedanken im Weg. Hacki sagte immer: Form schlägt Klasse. Und der damalige Bundestrainer Holger Schmezer fragte mich tatsächlich in der Quarantäne, bevor wir nach Hongkong aufbrachen: Bist du dir sicher? Hannes ist so gut drauf, eigentlich solltest du den nehmen. Und ich wage zu behaupten, dass Hannes in Hongkong eine Chance auf den Einzel-Olympiasieg gehabt hätte. Das kann man im Nachhinein natürlich gut sagen, aber Tatsache ist auch, dass Anky van Grunsven, die schließlich das Gold gewann, in diesem Jahr schlagbar gewesen wäre.

Ich ärgere mich nicht, dass ich mich damals anders entschieden habe. Ich sage mir, siehst du, 2006 hat das Schicksal für Satchmo gesprochen, und deine Wünsche sind mit einer Sternstunde in Erfüllung gegangen. Und 2008 war es umgekehrt, eigentlich hätte Hannes gehen sollen, aber diesmal hast du nicht die innere Freiheit gehabt umzudenken. Das hat fast etwas Philosophisches.

Zwei Jahre später, als Hannes und ich bei der Weltmeisterschaft in Kentucky zur Mannschaft gehörten, war er über seinen Zenit hinweg. Wir lieferten trotzdem eine ordentliche Leistung ab, befanden uns jedoch nicht mehr auf dem Niveau wie zwei Jahre zuvor. So fehlt in seiner Karriere der echte Durchbruch. Sein größter Erfolg war der Gewinn des Weltcupfinales 2007 in Las Vegas – ein Wettbewerb mit verstärktem Showcharakter, in dessen Mittelpunkt die Kür steht. Das war gerade für Hannes mit seinen Schwierigkeiten eine große Herausforderung, weil die Halle eigentlich zu klein ist und das Viereck so eng. Die Richterhäuschen standen derart eingezwängt, dass einer der Richter sich aus dem Häuschen herausbeugen musste, weil er sonst das Viereck gar nicht gesehen hätte. Und natürlich war die ganze Halle ein Hexenkessel, eine crazy Stimmung, wie das in den USA typischerweise ist. Und Hannes hat sich konzentriert und voll mitgespielt. Das war wirklich eine starke Leistung von ihm.

Am Ende seiner Laufbahn durfte mein damaliger Mitarbeiter Matthias Bouten noch ein paar Prüfungen mit ihm reiten. Im Jahr 2012 wollte ich ihn eigentlich mit einer offiziellen Feierstunde vom Sport verabschieden. Aber dazu kam es leider nicht mehr. Hannes verletzte sich in der Box und brach sich die Hüfte. Wir wissen nicht, wie er sich diesen Bruch zugezogen hat. Es kann sein, dass er beim Aufstehen hinten weggegrätscht ist. Er saß immer da wie ein Hund und stand dann auf. Morgens rief mich der Pfleger und sagte, irgendwas stimmt nicht mit Hannes, der bewegt sich keinen Schritt vorwärts. Der Knochen wuchs dann wieder ganz gut zusammen, er lahmte nicht mehr und sollte nun eigentlich ein geruhsames Alter verleben. Doch er erlitt wenig später einen Darmverschluss und konnte nicht gerettet werden.

Die Verletzungszeit von Hannes hat mich auch aus anderen Gründen in größere Schwierigkeiten gebracht. Er wurde mit einem Entzündungshemmer behandelt und bekam ein Magenmittel, damit er ihn besser vertrug. Dieses Magenmittel wurde später auf einem Turnier bei El Santo nachgewiesen, seinem Boxennachbarn, was ein langwieriges Medikationsverfahren nach sich zog. Eigentlich ist es ein harmloses Mittel, doch es stand – nur auf nationaler Ebene – auf der Verbotsliste, wenn es nicht einem Rekonvaleszenten, sondern einem Turnierpferd gegeben wurde. Seit dieser Zeit haben wir für eventuell ähnliche Fälle Überwachungskameras im Stall. So hätten wir in der Aufzeichnung sehen können, wie El Santo kontaminiert wurde. Und auch, wie Hannes sich die Hüfte brach.

Ich hatte vorher und nachher kein Pferd, das ähnlich guckig war wie Hannes. Gegen Hannes waren alle anderen total entspannt. Ich sehe mich noch heute irgendwo morgens um fünf Uhr ums Viereck reiten, damit er jeden einzelnen Blumentopf inspizieren und sich akklimatisieren konnte. Ich weiß nicht einmal, ob es wirklich Angst war, die ihn so heftig auf Veränderungen oder Störendes reagieren ließ. Ich glaube, es war auch ein Stück weit Marotte. Er war eigentlich kein ängstliches Pferd. Aber irgendwie sah er gelegentlich kleine Ufos um sich herumfliegen.

Fazit: Wer einen Hysteriker wie Warum nicht im Stall hat, der sollte bereit sein, sich kreativ auf sein Verhalten einzustellen.

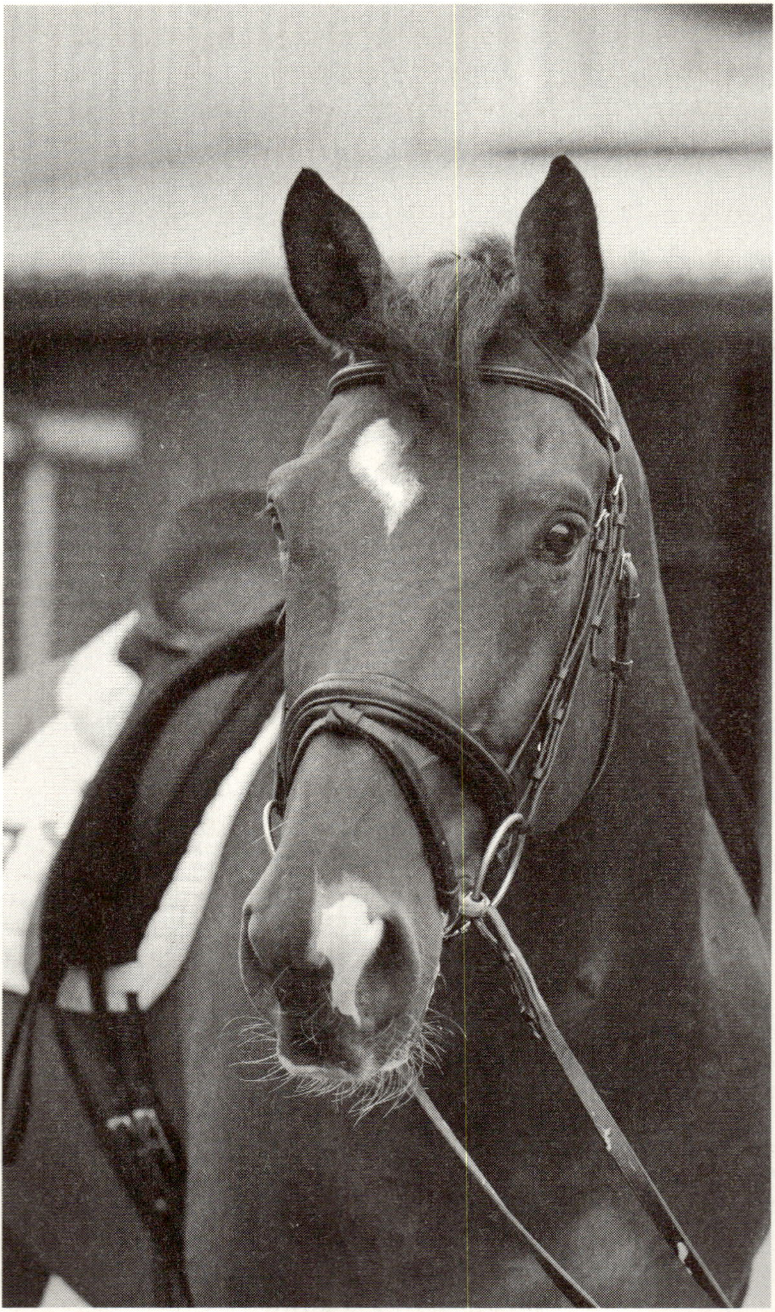

EL SANTO
der treue Vasall

Wenn ich an El Santo denke, fallen mir zwei Attribute ein: gutmütig und lieb. Er ist ein rührendes Kerlchen. Lange Zeit war er bei uns das Pferd, das die angehenden Ruheständler in ihr neues Leben begleitet hat. Er betreute sie voller Hingabe und half ihnen beim Loslassen und bei der Integration in die Rentnergang auf der Wiese. Er kümmerte sich rührend um Bella Rose, als sie ihr erstes Fohlen erwartete, ging täglich mit ihr auf die Weide und benahm sich wie ein werdender Onkel. Dritter im Bunde war und ist das unersetzliche Pony Kelly, mit dem nun er eine wahre Symbiose lebt. Und ich freue mich, dass El Santo im Umgang mit seinen Weidekameraden das ausleben kann, was er ist: die Gutmütigkeit in Person. Was für ein Glück, ein solches Pferd zum Freund zu haben!

So lieb wie heute war er schon immer, nicht erst als Ruheständler, sondern auch als aktives Sportpferd. Eine ehrliche Haut, ein treuer Vasall, der mir stets alles gegeben hat, was er hatte. Und manchmal mehr. Wenn ich ihn mir heute ansehe, tut es mir ein bisschen leid, dass ich seine Hingabe nicht immer ausreichend gewürdigt habe. Vielleicht, weil er so lieb war, dass ich mich an seiner Persönlichkeit nicht ebenso intensiv reiben konnte, wie es bei einem meinungsstärkeren Pferd der Fall gewesen wäre. El Santo heißt ja sogar »Der Heilige«. Aber fest steht: Ich kann seine Bedeutung gar nicht hoch genug einschätzen. Durch ihn hat meine Karriere in einer schwierigen Zeit – 2012 war ich bei Olympia in London nicht dabei – noch einmal einen entscheidenden Aufschwung genommen. Mit ihm konnte ich mir als Ausbilderin ganz eigenständig eine neue Dimension erschließen. Dabei begann alles mit einer Fehleinschätzung meinerseits, die uns beide viele Nerven gekostet hat. Wir haben zusammen den Weg zu einem Happy End gefunden. Aber ich werde immer in seiner Schuld stehen.

Im Alltag nennen wir ihn Ernie, und ich finde, das passt wirklich gut zu dem lieben Kerl. Ich glaube, wenn er mit menschlicher Stimme reden könnte, dann hätte er auch die Stimme von Ernie aus der Sesamstraße. Als ich ihn kaufte, war ich erst ein paar Jahre selbstständig. Ich habe mir zu der Zeit Pferde angeschaut mit dem Ziel, sie zu kaufen, sie sorgfältig auszubilden und später wieder zu verkaufen. Ich war zu Schloss Wickrath gefahren, einem wunderbaren Anwesen mit einer Reitanlage nebenan, wo früher das Rheinische Pferdestammbuch beheimatet war. Der damalige Geschäftsführer Martin Spoo, mit dem ich mich regelmäßig über Pferde austauschte, sagte mir, sie hätten einige gute Pferde da, unter anderen einen braunen Wallach, und wie gesagt: Ich war interessiert.

Ernie schien für meine Pläne perfekt geeignet. Ich fand ihn sehr angenehm zu reiten. Kein Pferd, bei dem ich gesagt hätte: Wow! Aber ein gutes Pferd mit drei sauberen Grundgangarten. Ich sagte mir, mit dem kannst du nichts falsch machen. Ich weiß es noch genau: Er kostete fünfundzwanzigtausend Euro. Ich erzählte Madeleine davon, und offensichtlich habe ich ihn sehr positiv geschildert, denn sie wollte sich gleich beteiligen. Als ich sagte, ich will ihn später wieder verkaufen, antwortete sie in ihrer unnachahmlichen Art: Ja, macht doch nichts. Ihr verstorbener Mann Dieter, der sich gern mal über uns lustig machte, sagte zwar, was ist denn das für ein Reitschweinchen, weil er so ein rundes Bäuchlein hatte. Aber

Madeleine und ich machten halbe-halbe. Und Ernie wurde nie verkauft.

Zu Hause, im Training, hat er mich ziemlich überrascht mit seiner Rittigkeit: Er hat sich unheimlich angeboten und war noch leichter zu reiten, als ich gedacht hatte. Sein Schwung hat mir imponiert und der lockere Bewegungsablauf. Schritt, Trab und Galopp – alles war gut. Und er lernte sehr leicht. Natürlich war mir klar, dass sein Körperbau – was wir in der Sprache der Pferdeleute Gebäude nennen – nicht ganz ideal war. Allerdings hat mich so etwas noch nie abgeschreckt. Und ich hatte schließlich nicht vor, ihn zur Nummer eins in meinem Stall zu machen. Für diese Rolle war ein anderes Pferd vorgesehen: Der Stern, ebenfalls ein Pferd des Jahrgangs 2001, das ich wenig später bekam. Dieser Stern schien mir viel besser geeignet für große internationale Titelkämpfe, doch dazu kam es nicht, weil er ständig verletzt war. Er war schlicht ein anfälliges Pferd. Ständig musste er aussetzen, weil eines seiner Beine verletzt war. Nicht immer dasselbe, sondern jedes Bein kam dran, reihum gewissermaßen, jeder Teil des Körpers war irgendwann einmal betroffen. Es war also leider so, dass er nicht geschaffen war für eine stabile Leistungsfähigkeit. Ernie hingegen machte parallel zu diesem Geschehen bereitwillig alles mit, er gab immer alles, war immer da, und wir kletterten die Leiter der Nachwuchsprüfungen Erfolg für Erfolg hinauf, er hat sich alles ganz reell erarbeitet und rückte nach und nach in den Mittelpunkt.

Lange Zeit stellte er mich vor keinerlei Probleme. Erst als er neun Jahre alt war und es um die allerhöchsten Schwierigkeiten ging, zeigte sich eine ernsthafte Schwäche: in der Piaffe, die gern als erhabener Trab auf der Stelle bezeichnet wird, aber in der Praxis eine so viel kompliziertere Übung ist. Dabei entwickelte er stets einen allzu starken Vorwärtsdrang, was in den Jungpferde-Prüfungen absolut akzeptabel war, im Grand Prix allerdings zu deutlichen Abzügen führt. Ich dachte, Mensch, das wäre doch gelacht, wenn ich das nicht auch hinkriege. Ich versuchte ihn in den Piaffen zurückzuholen – nur krabbelte er jedes Mal wieder ein Stück nach vorne. Ausgerechnet El Santo, der Brave, der sonst immer alles tat, was ich von ihm forderte. Vor lauter Ehrgeiz wollte ich seine Piaffe weiter und weiter perfektionieren. Das war ein Fehler, ich habe ihn total verunsichert und ihm damit, so kann man es wohl ausdrücken, den Schneid abgekauft. Ganz einfach, weil ich unterschätzt hatte, dass er körperlich für eine Piaffe auf der Stelle nicht geschaffen war. Seine Hinterbeine sind richtige O-Beine, und der Höhenunterschied zwischen Widerrist und Kruppe betrug nahezu zehn Zentimeter, was ihn für eine solche Lektion nicht prädestiniert. Dazu kommt, dass er sehr weich gefesselt ist – das heißt, er hat einen sehr tiefen Hufwinkel. Die Folge: Es fehlte ihm grundsätzlich an der nötigen Leichtigkeit und Elastizität, weil die Winkelung seiner Hinterhand sie nicht zuließ. Die tägliche Gymnastizierung und seine ehrliche Leistungsbereitschaft haben dazu geführt, dass Ernie trotz seiner nicht optimalen Voraussetzungen alles gelernt und alles gegeben hat und auf internationalem Niveau bestehen konnte. Doch in der Piaffe spiegelten sich seine Defizite trotzdem wider.

Zu meiner Entlastung muss ich sagen: Ich hatte natürlich seinen speziellen Körperbau gesehen. Aber hier geht es nur um Zentimeter. Vom Sattel aus konnte ich das Problem deshalb nicht erkennen. Und in dieser Phase meiner Laufbahn fehlte mir ein sicheres »Auge von unten«. Der Doktor hätte möglicherweise die Wurzel des Übels erkannt, unsere Zusammenarbeit war jedoch beendet. Ich ging davon aus, dass Ernie immer alles angeboten hatte und dass das immer so weitergehen würde. Er machte schließlich alles richtig gut. Nicht zum Niederknien, aber gut. Er stand wunderbar in der Anlehnung, also der Verbindung zwischen meiner Hand und seinem Maul, in dieser Beziehung hatte er sogar einen idealen

Körperbau: Keinerlei Probleme mit dem Aufbau des Halses wie etwa bei Gigolo oder später bei Don Johnson. Wir waren am Anfang himmelhochjauchzend gewesen und dankbar, dass es so gut lief mit ihm, und er war zufrieden, der Sonnenschein unseres Stalles.

Und dann kam die Europameisterschaft 2011 in Rotterdam. Plötzlich war Ernie die Nummer eins im Stall, und ich wurde mit ihm für die deutsche Equipe nominiert. Natürlich wollte ich seine Leistungen auf dem Weg dorthin optimieren und ihn in der Piaffe auf die Stelle holen. Aber es lief in die falsche Richtung. Ich machte einen Schritt vorwärts und im Anschluss zwei Schritte rückwärts. Ernie hat meine Versuche mit Verzweiflung quittiert. Er war viel zu lieb, als dass er den Aufstand geprobt hätte. Er litt unter seiner eigenen Unzulänglichkeit, und ich war nicht in der Lage, ihn zu verstehen. Wir steuerten in eine Sackgasse hinein, und unsere Beziehung bekam vorübergehend einen schweren Knacks. Wenn ich Ernie aufforderte, zu piaffieren, machte er nun so gut wie gar nichts mehr. Das war eigentlich eine klare Ansage: Mehr kann ich nicht machen. Was hätte er auch tun sollen? Ich hätte besser daran getan, ihm eine leichte Vorwärtstendenz zu lassen und mich mit einer schwächeren Note zufriedenzugeben.

Rotterdam werde ich nie vergessen. Der Fokus der Öffentlichkeit war zum Glück nicht auf mich gerichtet, sondern auf das neue Paar Totilas und Matthias Rath, das zum ersten Mal auf einem Championat zu sehen war und intensiv vermarktet und gehypt wurde. Alle anderen waren quasi nur Nebendarsteller. Ich ritt also mit Ernie ins Viereck ein, wir absolvierten unseren Grand Prix, bis ich ihn zur ersten Piaffe aufforderte. Die Zuschauer haben geschlossen mitgeschnalzt bei jedem kleinen Tritt, wie sie Ernie damals nur noch machte, um ihn zu mehr Aktivität zu ermuntern. Es war herrlich. Die Leute schnalzten und schnalzten, und ich würgte mir einen ab in den Piaffen. Das war ein Fachpublikum wie meistens in der

Dressur, und die Zuschauer wussten, dass ich da oben tausend Tode starb. Sie wollten uns helfen, denn das Drama berührte jeden.

Dies war der Moment, in dem mir klar wurde, dass wir das Ende der Fahnenstange erreicht hatten. So konnte es auf keinen Fall mit uns beiden weitergehen. Denn die Piaffe muss sitzen – sie ist zusammen mit der Passage, dem erhabenen Trab, das Herzstück des Grand Prix. Und diese Lektionen sind nicht etwa zirzensische Kunststücke, sondern der natürlichen Bewegung der Pferde abgeschaut. In der Wertung zählen die Piaffen doppelt, darum sind Pferde mit dem Talent zur Piaffe und Passage so gefragt und teuer. Von Ernies Schwierigkeiten einmal abgesehen: Meiner Meinung nach haben diese Übungen ihre Bedeutung zu Recht, weil sie eben besonders schwierig sind. Dazu kommen die Übergänge von der einen zur anderen. Faszinierend sind sie aber nicht nur wegen des technischen Anspruchs. Piaffe und Passage sind die höchste Form der Perfektion im Reitsport. Wenn ich an die Piaffen von Bella Rose oder Weihegold denke, kann ich nicht anders, als ins Schwärmen zu geraten. Eine ähnliche Wirkung haben nur noch die Pirouetten auf mich, bei denen sich das Pferd im Galopp um die Hinterhand dreht.

Pferde mit extremer Elastizität, wie Bella Rose, können eine Piaffe-Passage wie ein Metronom aus einer Bewegung heraus machen. Das sind die ganz besonderen Pferde, die keinen Unterschied im Bewegungsablauf aufweisen, wenn sie die Passage in die Piaffe zurückführen. Entsteht durch den Übergang ein Bruch in der Bewegung, ist das eine gravierende Schwäche. Hier entscheidet sich, ob ein Pferd Weltklasse ist oder nicht. Das heißt bezogen auf Ernie: Wir stießen an eine unüberwindbare Grenze. Sein Fall ist ein gutes Beispiel, das man Kritikern des Dressursports entgegenhalten kann: Die Spitzenpferde, die dort laufen, bringen eine Menge Talent mit für die Lektionen. Und wenn sie das Talent nicht haben, kann man nichts erzwingen. Wer behauptet, unsere Pferde würden gezwungen, Dinge zu tun, die sie normalerweise nicht könnten, ist im Irrtum. Ernie jedenfalls war irgendwann überfordert, und keine Macht der Welt hätte bewirken können, dass er die Piaffe ohne Vorwärtsbewegung ausführte. Ich musste mir nach Rotterdam also eingestehen, dass ich nicht in der Lage war, den Knoten zu lösen. So lange hatte der Prozess gedauert. Es ist ja keine abrupte Veränderung von Schwarz zu Weiß. Sondern man gleitet in eine solche Situation hinein. Und nun saß ich fest. Es half nur noch ein Cut.

Mein damaliger Pfleger Guillem machte den Vorschlag, einen Freund von ihm um Hilfe zu bitten: den spanischen

Dressurreiter Jose Antonio Garcia Mena, der aus Andalusien kommt und dadurch eine Verbindung zur Pferdeausbildung für den traditionellen Stierkampf hat. Die Pferde, die in der Arena eingesetzt werden, müssen sich extrem »setzen« können, also viel Gewicht mit der Hinterhand tragen, um vorne ganz leicht und manövrierfähig zu werden. Entsprechend spezialisiert ist ihre Ausbildung. Ich nahm mit José Verbindung auf, und er sagte zu, mir zu helfen. Die Zusammenarbeit mit ihm bedeutete für mich eine komplette Neuorientierung hinsichtlich der Piaffen-Arbeit. Ja, eine Inspiration.

Ich habe mir mit Josés Hilfe die Piaffe ganz neu erarbeitet. Bisher hatte für mich der Weg zur Piaffe immer mit dem Aufbau von Spannung begonnen. José jedoch lehrte mich das Gegenteil: keinen einzigen Tritt aus der Spannung entstehen zu lassen. Er entwickelt die Piaffe aus der Ruhe heraus. Schritt reiten ohne jede Spannung – und dann zur Piaffe ansetzen. Und wenn das Pferd übereifrig wird, gleich wieder zum Schritt durchparieren. Das gab mir einen völlig neuen Einblick. Und war eine einschneidende Erkenntnis für mich. Noch heute kommt José einmal im Monat zu uns nach Rheinberg zum Training, und wir alle profitieren von seiner Kompetenz.

Seitdem habe ich mit all meinen Pferden einen ganz natürlichen Zugang zum Erlernen der Piaffe gefunden. Im großen Zusammenhang hat der neue Ansatz mit der Piaffe zu einem Wendepunkt meiner Karriere geführt. 2012 war, wie gesagt, ein schwieriges Jahr, die Spiele in London fanden ohne mich statt. Zwei Jahre später aber begann für mich eine wunderbare Erfolgsserie. Der Ausgangspunkt dafür waren die Erfahrungen mit Ernie gewesen. Hätte ich die Probleme mit ihm nicht gehabt, hätte ich mich nicht an José gewandt und meine Herangehensweise an die Piaffe und Passage nicht so positiv weiterentwickelt, was für mich wegweisend war. Danke, Ernie!

El Santo selbst war der erste Profiteur. Es ist uns mit Geduld und psychologischen Lockerungsübungen gelungen, seine

Blockade zu lösen, und er war mehr als erleichtert: Er wurde wieder der zufriedene Ernie, der er vorher gewesen war. Und wir haben wieder eine ordentliche Piaffe zusammen hinbekommen, natürlich im alten Vorwärts. Wir sind genau an den Punkt gekommen, den wir auch ohne Umwege hätten erreichen können. Wir haben das Ideal natürlich nie zustande bekommen, weil das nicht möglich war. Aber wir haben die Kurve zurückgedreht. Damit haben wir uns zufriedengegeben. Es hat zwar nicht mehr für höhere Ziele gereicht, wir haben jedoch noch viele schöne Prüfungen zusammen bestritten.

Ich habe sehr viel aus den Erlebnissen mit Ernie gelernt. Manchmal weiß man eben erst hinterher, wozu eine Erfahrung gut ist, auf die man zunächst gern verzichtet hätte. Fehler werden gemacht und sind ein wichtiger Teil der Weiterentwicklung. Wichtig ist, dass man sich damit auseinandersetzt und daraus lernt. Und Ernie, das Rührstück, hat mir zum Glück längst verziehen.

Fazit: Wer einen treuen Vasallen wie El Santo im Stall hat, sollte sich jeden Tag bei ihm bedanken. Und lernen, nicht mehr von ihm zu verlangen, als möglich ist.

ANTONY
der Satansbraten

Als mein Vater Antony das erste Mal sah, sagte er, nimm dich in Acht, Mädchen. Das ist ein Pferd mit zwei Gesichtern. Und das war er tatsächlich, und zwar optisch und charakterlich. Wenn man Antony von der einen Seite betrachtete, sah man ein ganz braunes Gesicht. Er wirkte, als könnte er kein Wässerchen trüben. Von der anderen Seite aber sah man, wie das Weiß in seinem Auge deutlich hervortrat und seine Blesse, die schräg verlief. Dies war sein freches Gesicht. Er konnte wirklich lieblich wie ein Glöckchen sein – und gleich darauf ein totaler Satansbraten. Auch während des Reitens. Antony konnte nicht ganz so gut bocken wie Satchmo, von dem ich am häufigsten heruntergefallen bin. Aber das heißt keineswegs, dass das Reiten von Antony nicht zu einer einzigen Herausforderung werden konnte. Wenn er mal in seiner typischen Art ganz kurz zur Seite sprang – da war mitunter kein Halten mehr. Für mich war er trotzdem ein Frechdachs im positiven Sinne. Ein richtig lustiges Pferd, weil er ständig Flausen im Kopf hatte.

Der Grund, warum er im Jahr 1989 dreijährig in unseren Stall kam, ist eigentlich das Gegenteil von lustig. Der Doktor hatte die Nase voll von den Pferden und der Dressur und war drauf und dran, das Handtuch zu werfen. Kurz zuvor hatte er gleich zwei Pferde verloren. Eines war im Stall verunglückt und hatte sich das Becken gebrochen, das andere litt an einer schweren Krankheit. Zu dem emotionalen und sportlichen Verlust kam der finanzielle – der Doktor meinte mit Recht, das Ganze koste ihn zu viel Geld. Trotzdem fuhr er als leidenschaftlicher Auktionsbesucher auch in jenem Jahr nach Verden, wo regelmäßig die Hannoveraner versteigert werden, und entdeckte prompt ein Pferd, das ihn interessierte: Antony. Seine Freunde ließen ihn in seinem Frust nicht im Stich, sondern motivierten ihn neu. Der Zuchtverband Hannover und der Verein zur Förderung der Reiterei auf Hannoverschen Pferden (FRH) stiegen beim Kauf von Antony mit ein. Daher der Namenszusatz: Antony FRH. Gefallen haben dem Doktor Antonys Gangwerk und seine Elastizität. Er war als junges Pferd wirklich wie ein Flummi, er hatte großen Charme im Auftritt, und wir hofften, ihn als Back-up für Gigolo heranziehen zu können.

Lustig wurde es, wenn ich ihn auf dem Platz draußen ritt. Der Doktor hatte diesen kleinen Außenplatz mit einem Wall umrandet, einen guten halben Meter hoch, man konnte also auch zu Fuß bequem darübergehen. Diese kleine Begrenzung fand Antony super, um sich ein Späßchen zu gönnen. Immer wieder brach er genau an derselben Stelle auf der linken Hand nach rechts aus und sprang über den Wall. Dann galoppierte er mit mir eine Runde auf der angrenzenden Wiese und lief anschließend ganz freiwillig wieder zurück. Das war Sport für ihn, wirklich stets an derselben Stelle. Und das konnte er drei- oder viermal nacheinander machen. Oder drei- oder viermal in der Woche, und dann wieder nicht, je nach Laune. Ich konzentrierte mich genau auf die Stelle und war wild entschlossen, den nächsten Versuch zu unterbinden. Und da, zack, war er wieder weg. Ich war darauf vorbereitet, aber er war blitzschnell, und, schwupp, schaffte er es immer wieder, mich zu überrumpeln. Das ging eine ganze Zeit lang so.

Auf der Wiese, über die er regelmäßig mit mir galoppiert ist, standen Pappeln. Und einmal hatte eine Pferdepflegerin nichts ahnend zwischen zwei Pappeln eine Wäscheleine gespannt, eine Leine aus Nylon. Antony, der mal wieder lospreschte, schoss auf diese Lücke zu, und erst im letzten Moment habe ich die Leine gesehen, zum Glück, sonst wäre ich wahrscheinlich nicht mehr hier. Ich konnte gerade noch meinen Kopf retten. Aus der Schlinge ziehen, sozusagen. Das war ein besonderes Erlebnis. Im Ganzen waren diese Zwischenfälle nichts, was mir Angst gemacht hätte. Es war eine sportliche Herausforderung: Wer von uns beiden war schneller, Antony oder ich? Häufig war Antony schneller.

Das war jedoch nur seine eine, die bunte Seite. Die andere war, dass ich mit Antony reibungslos die Stufen der Nachwuchsprüfungen durchlaufen und ihn mit acht Jahren in den Grand-Prix-Sport bringen konnte. Es lief alles genau so, wie man es sich wünscht, sodass ich mir schon einbildete, auf diese Weise würde es nun immer weitergehen. Da hatte ich allerdings nicht mit Antonys Hang zu Spielchen gerechnet.

Es kam unser erster Grand Prix beim Hallenturnier in Bremen. Das werde ich nie vergessen. Ich reite ins Viereck ein, Heinz Schütte, in jener Zeit einer der maßgeblichen Dressurrichter überhaupt, saß rechts an der Seite, und … Das glaubt mir jetzt wahrscheinlich niemand, aber nicht ein einziges Mal vorher, weder im Training zu Hause noch auf irgendeinem Abreiteplatz, hatte es auch nur ansatzweise eine solche Reaktion gegeben wie in dem Moment bei Antonys erstem Grand Prix. Ich bin geritten wie immer, doch er ist völlig ausgerastet und war nicht mehr zu bändigen. Fast wäre er Schütte auf seinen Richtertisch gesprungen. Er ist gelaufen, hat gebremst, ging vor, zurück, ist piaffiert, weggesprungen, rausgesprungen – ich saß da oben und dachte, ich bin im falschen Film. Totalverweigerung. Das Pferd war nicht wiederzuerkennen.

Nachdem ich hinausgeritten war, ging ich noch einmal mit ihm auf den Abreiteplatz, aber das war keine gute Idee. An der langen Seite stand eine Reihe mit Gastroständen, und da wäre er mir beinahe in die vor sich hin schmurgelnde Champignonpfanne gesprungen.

Was passiert war, konnten wir uns nicht erklären und haben erst einmal den Tierarzt geholt. Wir dachten, er hätte vielleicht ein körperliches Problem, vielleicht einen Kreuzverschlag, also eine schmerzhafte Entzündung der Muskulatur – aber wir fanden nichts. Danach sind wir nach Hause gefahren, ich habe ihn weiter geritten, und er war wie immer. Keine Krise mehr. Ein Vierteljahr später sind wir zum Maimarkt-Turnier nach Mannheim gefahren, zu seinem zweiten Grand Prix. Und da hatte er eine neue Variante drauf: Alle fünf Meter stand er wie ein Baum. Es war unfassbar, völlig abstrus. Das Pferd stand da wie gefroren und ließ mich oben im Sattel verhungern. Dann ging es weiter. Ich brachte ihn wieder in Gang, klopfte ihm sofort lobend den Hals, doch fünf Meter weiter blieb Antony wieder stehen, als hätte er Wurzeln geschlagen. So habe ich mich durch die Prüfung gerobbt. Mal hier ein Stück, mal da ein Stück.

Danach sagte der Doktor, Antony hat kein Problem, das ist reine Nickligkeit von ihm. Wenn er damit durchkommt, ist er nicht mehr zu gebrauchen für den Sport, dann kann ich ihn verschenken. Pass auf, sagte er. Morgen früh werden wir das Training genau so reiten, als hätten wir eine Prüfung. Du trägst einen Frack, wir flechten ihn ein, du reitest ihn ab und reitest die Aufgabe. Und wenn er wieder stehen bleibt, musst du ihn einmal richtig strafen. Du musst durchgreifen. Und das habe ich gemacht. Ich trabte um die Kurve – buff! Er ist an der gleichen Stelle stehen geblieben wie beim letzten Mal. Und ich habe die Anweisung des Doktors befolgt und energisch die Gerte gebraucht. Auch wenn es mir leidtat – ich habe eingesehen, dass Antony schlicht Spielchen mit mir spielte und ich mich um unserer gemeinsamen Zukunft willen durchsetzen musste. Ein Journalist hat mich dabei beobachtet, und ich habe böse Presse gekriegt. Gott sei Dank gab es seinerzeit noch keine sozialen Medien. Es war schließlich nicht schön anzusehen, wie das Pferd Ärger kriegte. Aber es hat geholfen. Antony war verblüfft – und verstand. Als würde er sagen: Okay. Er blieb ein vorwitziges Pferd, ist jedoch nie wieder stehen geblieben. Ich musste ihn auch nie wieder in ähnlicher Weise maßregeln. Es war die reine Frechheit gewesen.

Dazu muss ich ergänzen: Man muss in solchen Phasen natürlich genau unterscheiden können, ob ein Pferd, das sich wie Antony verhält, einfach nur frech ist und eine Kraftprobe durchziehen will, oder ob es eine andere Ursache für sein Verhalten gibt. In Antonys Fall war ich sehr dankbar, einen so kompetenten Rückhalt im Doktor zu haben. Er hat genau erkannt, dass es sich nicht um eine Angstreaktion handelte, sondern um Frechheit, und er hatte absolut recht. Der Doktor war ohnehin die graue Eminenz, die niemand infrage stellte und auf die ich mich immer berufen konnte. Was aber das Wichtigste ist und nie vergessen werden darf: Auf keinen Fall darf sich ein Reiter durch Emotionen zu solch einer Handlung hinreißen lassen.

Unser nächster Turnierstart war in Schoten in Belgien. Als ich die Anlage sah, wurde mir ein bisschen mulmig, schließlich wusste ich noch nicht, ob Antony wirklich ganz von seinen Anwandlungen kuriert war. Es hatte stark geregnet, überall stand Wasser, und Antony hasste Wasser. Normalerweise war er nicht dazu zu bewegen, durch eine Pfütze zu schreiten. Es war schlimm. Der eigentliche Abreiteplatz war gar nicht mehr zu gebrauchen – die Prüfungsvorbereitung wurde auf den höher gelegenen Parkplatz verlegt. Und auch der Prüfungsplatz war ein einziger See. Ich wusste überhaupt nicht, wie ich mit Antony über diesen Turnierplatz kommen sollte, und habe zum Doktor gesagt, wenn ich es schaffe, dass er überhaupt das Viereck betritt, haben wir gewonnen. Und es hat funktioniert. Ich bin mit Speed auf das Viereck zugeritten, und er hat den Platz nicht betreten, er ist reingesprungen.

Aber dann war er drin. Da stand er in der Soße – und wir gingen nicht gemeinsam unter. Anschließend ging Antony eine Prüfung vom Allerfeinsten. Wir gewannen in Schoten. Und Antony hatte schwimmen gelernt. Nie wieder weigerte er sich, durch Wasser zu gehen.

So war er eben – und das war eine neue Erfahrung für mich. Es gibt einfach Pferde, die so frech sind, dass sie ihren Reiter herausfordern. Andere Pferde, etwa Gigolo, Bella Rose oder Weihegold, wären nie in ihrem Leben auf solche Ideen gekommen. Antony war eben ein Schlitzohr. Ein Mafioso. Wenn du dem die Hand gabst, musstest du hinterher nachsehen, ob noch alle fünf Finger dran waren.

Was Antony nicht so gut gefallen hat: dass er jahrelang nur die Nummer drei im Stall war hinter Gigolo und Amaretto, der ihm irgendwann den Rang abgelaufen hatte. Eine ganze Zeit hatten wir enorme Probleme mit den fliegenden Galoppwechseln. In hundert Prüfungen machten wir neunundneunzig Fehler in den Einerwechseln, ich hatte schon einen richtigen Komplex. Doch dann kam das schicksalhafte Jahr 1999, Gigolo verletzte sich, Amaretto war krank und starb, und Antony stieg auf zum wichtigsten Pferd – und da wurden die Galoppwechsel auf einmal besser. Die Phase, als alle drei fit waren, war eine meiner stärksten. Die drei waren ein Dream-Team. Man muss sich das vorstellen: Gigolo und Amaretto fielen aus, und trotzdem hatte ich ein Pferd für die Europameisterschaften, die damals in Arnheim abgehalten wurden. Er war ein echter Wasserträger. Wenn die anderen geschont wurden, war er da. Gigolo pausierte ja immer in der Wintersaison – dann schlug Antonys Stunde.

Ich war sehr stolz, dass ich trotz allen Unglücks bei der Europameisterschaft 1999 dabei war. Allerdings endete in Arnheim meine Pechsträhne nicht wirklich. Im Gegenteil, es kam die Krönung: Ein anderes Pferd aus der Mannschaft bekam Fieber, und es dauerte nicht lange, da hatte Antony es auch.

Nach dem Grand Prix, bei dem wir den Mannschaftstitel gewonnen haben, konnte er nicht mehr gehen. Vor dem Einzelwettbewerb war die EM für uns zu Ende.

Das war ein hartes Jahr ohne viele Ups und voller Downs. Aber natürlich gehen mir solche Sachen wie Antonys Fieber nicht lange nach. So etwas ist zwar enttäuschend und schade, doch diese Dinge gehören dazu. Schlimm war, mit Gigolo in Aachen verletzt herauszureiten. Und einen Amaretto zu verlieren, weil wir ihm bei seinen Gesundheitsproblemen nicht helfen konnten. Das sind die Dinge, die einen umhauen. Aber ein Turnier nicht beenden zu können, weil ein Pferd Fieber hat, weil irgendwas falsch läuft oder das Pferd im Viereck umdreht – das muss man analysieren, und an solchen Problemen wächst man. Das sehe ich als Sportlerin. Das ist kein Schicksalsschlag. Dazu kommt, dass Antony schnell wieder fit war.

Als ich den Stall des Doktors Ende 2001 verließ, gehörte Antony zu den Pferden, die mitkamen. Madeleine hatte ihn gekauft. Dazu kam Apache, der mich zunächst happy und hoffnungsfroh stimmte. Er war ein Pulverfass von einem Pferd, er strotzte vor Kraft. Doch er erkrankte an einer Mischinfektion von Borreliose und Herpes und kam nicht mehr zu Kräften. Bei einem Sturz mit Apache brach ich mir ein Bein – es war wirklich wie verhext. Schließlich verletzte sich auch Richard Kimble, noch so eine große Hoffnung. In der Boulevardpresse konnte ich lesen, dass mein sportlicher Weg nun vorgezeichnet sei, mit mir gehe es bergab, von Werth werde man nie wieder etwas hören. Und ich sei selbst schuld, weil ich mich von dem armen Doktor getrennt hatte. Das war das erste Mal, dass Abgesänge auf mich verfasst wurden, die sich später als voreilig entpuppten. Das wird heute regelmäßig vergessen: wie schwer ich es in dieser Phase hatte. Aber ich habe es nicht vergessen. Natürlich tat das damals weh. Mit dem heutigen Abstand sage ich allerdings, es ist immer am schönsten, wenn der Leichenschmaus schon angesetzt ist. Das weckt meinen Kampfgeist. Solche Herausforderungen motivieren mich und machen mich stark.

Antony blieb in dieser Phase mein treuer Begleiter und hielt mich über Wasser. Es war schön zu erleben, wie sehr er zu mir hielt trotz seiner Clownerien, die einfach zu seinem Wesen gehörten. Nach Gigolos Verabschiedung war er endgültig die Nummer eins im Stall geworden. Ich ritt ihn auch bei der Europameisterschaft 2001 in Verden. Im selben Jahr waren wir Zweite beim Weltcupfinale geworden. Nun, es war tatsächlich so, dass er zwar viel Charme und Leichtigkeit hatte, aber doch nicht die letzte Stabilität in seinen Leistungen mitbrachte, die für eine Einzelmedaille bei einem internationalen Titelkampf erforderlich gewesen wäre. Trotzdem war er ein sehr wichtiges Pferd. Erst hielt er den anderen den Rücken frei. Dann trug er mich durch eine schwierige Zeit.

Am besten war Antony in seinen späten Jahren. Ein Phänomen. Er hat auch eine ungewöhnlich hohe Preisgeldsumme eingespielt. Mit neunzehn Jahren ging er noch erfolgreich im Weltcup. Wir gewannen 2005 die Etappe in Neumünster, sodass wir uns für das Finale in Las Vegas qualifizierten. Ich dachte, prima, das ist eine gute Gelegenheit, um ihn in vollem Glanz vom Sport zu verabschieden. Doch daraus wurde leider nichts. Wir unternahmen die weite Reise nach Nevada vergeblich. Antony verletzte sich unglücklich in seiner Box und war nicht fit. Wenn in Las Vegas Turnier ist, wird der Stallbereich auf dem Parkplatz aufgebaut, der nur einen Steinwurf vom Flughafen entfernt liegt. Das heißt, den ganzen Tag gingen über den Köpfen der Pferde Flugzeuge hoch. Bei jedem Flugzeug drehte Antony im Stall eine Pirouette, und bei dieser Bewegung hatte er sich wahrscheinlich verdreht. Es zeigte sich, dass er sich eine Zerrung am Fesselträger-Ursprung zugezogen hatte – eine Verletzung mit schlechter Prognose insofern, als eine Rekonvaleszenz lange dauert. Er war dann auch von April bis September außer Gefecht. Aber ich wollte nicht, dass Las Vegas das unrühmliche Ende seiner Karriere bedeutete. Ich bereitete ihn noch einmal auf ein schönes Turnier vor, kurz vor Weihnachten in München. Da ging er seine letzte Kür, und zwar vor großer Kulisse. Die Kür war maßgeschneidert für ihn zu dem Schlagerhit von Henry Valentino: *Im Wagen vor mir sitzt ein schönes Mädchen.* Wir hatten ein paar witzige Stellen eingebaut, und die Leute amüsierten sich. »Ratta, rattadadada.« Ein angemessener Abschied.

Antony hat noch acht Jahre als Rentner bei uns gelebt, bis er siebenundzwanzig war. Die Shettie-Stute Kelly, die später an Satchmo und nach ihm an El Santo weitergereicht wurde, leistete ihm Gesellschaft. Mit vierundzwanzig ist er einmal wegen einer Kolik operiert worden. Er hatte nie vorher eine Kolik gehabt, darum entschlossen wir uns, ihn in die Klinik zu bringen. Dort sagte der Tierarzt, nur eine Operation könnte ihm helfen. Zum Glück konnte Antony gerettet werden. Seitdem hatte er gelegentlich Bauchweh, zum Beispiel bei Wetterumschwüngen. Wegen einer Kolik ist er schließlich gestorben, aber bis dahin genoss er zufrieden sein Alter. Ich muss immer lächeln, wenn ich an meinen Antony zurückdenke. Er war – neben Don Johnson – das witzigste von allen meinen Pferden. Dreimal chemisch gereinigt. Ein herrliches Kerlchen.

Fazit: Wer einen Satansbraten wie Antony im Stall hat, der braucht Humor – und Durchsetzungsvermögen.

AMARETTO
der geduldige Patient

Jahrelang konnte ich nicht über Amaretto sprechen. Wenn ich es versucht habe, kamen mir sofort die Tränen. Die Zeit mit ihm war die traurigste, die ich überhaupt mit einem Pferd verbracht habe. Heute bin ich in der Lage, von ihm zu erzählen. Sein Schicksal hat mich sehr geprägt.

Eine solche Leidenszeit, wie wir sie gemeinsam durchgestanden haben, führt zwangsläufig dazu, dass man das Pferd zunehmend vermenschlicht. Und damit meine ich nicht, dass man einem Pferd menschliche Eigenschaften andichtet, sondern dass das Pferd sich dem Menschen immer stärker anschließt und umgekehrt. Amaretto nahm dadurch in meinem Leben eine Zeit lang einen Raum ein, den man normalerweise nur einem Menschen zugestehen würde. Es entsteht eine ganz besondere Nähe. Das Leiden und die Kämpfe, das Hoffen und Bangen um sein Wohlergehen schweißten uns zusammen.

Dazu kommt, dass ich eine unerschütterliche Optimistin bin. Ich gebe – etwa bei gesundheitlichen Problemen – die Hoffnung nie auf, dass der nächste Versuch die Lösung bringen könnte. Es bleibt die alte Erkenntnis, dass man viele Dinge klären kann. Andere nie. Da blieben Fragezeichen, ein Stück Geheimnis, ein Stück Unerklärbarkeit. Eines aber ist sicher: Amaretto wollte leben, er hatte Freude am Leben, er hat gekämpft, sich nicht aufgegeben, so lange es möglich war, und geduldig alle medizinischen Maßnahmen über sich ergehen lassen. Doch es kam der Tag, an dem es für ihn trotzdem nicht mehr weiterging.

Amaretto war ein großer brauner Wallach aus dem Zuchtgebiet Westfalen, ein ähnlicher Typ wie Emilio. Etwas knochig, in der Gesamtkonstruktion allerdings ein bisschen runder. Er wurde 1986 geboren und vierjährig bei der Auktion von Paul Schockemöhle und Ulrich Kasselmann in Ankum an Familie Dörn verkauft, die zwei reitende Töchter hatte. Der Doktor beriet die Familie beim Pferdekauf, und sie hatten Amaretto gemeinsam ausgeguckt auf der Auktion. Er hatte einen guten Schritt, einen schönen Galopp, aber mir stach er ehrlich gesagt zu Beginn nicht besonders ins Auge.

Vom ersten Tag an, als er in unseren Stall nach Rheinberg kam – er wurde von Heiner Schiergen, einem Bereiter des Doktors, trainiert –, hatte Amaretto eine Schwäche. Er hatte immer wieder Koliken. Darunter sind alle Arten von Bauchweh zu verstehen, die Pferde mit ihrem empfindlichen Verdauungstrakt bekommen können. Natürlich kannten wir das bereits von vielen anderen Pferden, aber Amarettos Koliken waren merkwürdig. Es war nicht wirklich eine Ursache zu finden. Einmal hatte er Verstopfung, dann wieder war er aufgebläht – das Innenleben dieses Pferdes war einfach nicht gut. Er war von Anfang an ein etwas bauchiges Pferd, darüber haben wir zunächst allerdings nicht weiter nachgedacht. Er war eben so. Im Rückblick macht man sich natürlich Gedanken: Warum war er eigentlich so bauchig? War damals schon die Gesundheitsproblematik, die ihn später so oft heimsuchte, vorhanden?

Natürlich erschrickt man im Stall jedes Mal, wenn ein Pferd Anzeichen von Kolik an den Tag legt. Es ist dann unruhig, scharrt vielleicht in seiner Streu, stampft, wälzt sich, und es ist dringend angesagt, sofort Maßnahmen zu ergreifen. Eine Kolik kann sich dramatisch entwickeln und lebensbedrohlich werden, wenn daraus gar eine Darmverschlingung oder ein Darmverschluss wird.

Der Verdauungstrakt ist eine große Schwachstelle beim Pferd: Es hat einen extrem langen Darm – er ist etwa dreißig Meter lang, also ungefähr zwölfmal so lang wie das ganze Pferd. Und die Probleme, die damit entstehen können, sind vielfältig. Bei dem jungen Amaretto gingen die Koliken zunächst ganz undramatisch vorbei. Sie dauerten auch nicht lang. Er wurde geführt, damit sein Kreislauf und zudem die Lage seines Darms wieder in Ordnung kamen. Und er bekam krampflösende Medikamente. Nach einer Weile war es wieder gut und er wieder ganz munter. In der Tierklinik Hochmoor wurde eine Laparoskopie gemacht, bei der arthroskopisch mit einer Sonde in den Magen-Darm-Trakt des Pferdebauchs geschaut wird. Aber es wurde nichts Auffälliges gefunden. So gewöhnten sich alle daran, dass Amaretto eben manchmal Bauchweh hatte. Alle wussten, das geht schnell vorbei.

Es stellte sich heraus, dass Amaretto nicht das passende Pferd für die Töchter der Familie Dörn war, und so sollte ich ihn übernehmen. Der Doktor hatte die Hoffnung, dass sich Amarettos Verdauungsprobleme mit zunehmender Sicherheit und Erfahrung legen würden. Und tatsächlich: Seine Hoffnung schien sich zu erfüllen. Eine ganze Zeit lang hatte das Pferd nichts mehr. Siebenjährig hatten wir ihn übernommen, und er nahm eine überraschende Entwicklung. Amaretto hatte eine sehr schöne Mechanik, aber eigentlich dachte ich, dass er nicht die super Anlagen für die höchste Klasse hätte. Dafür schien er nicht ehrgeizig genug zu sein. Und er hatte ein etwas zu langes, langsames Hinterbein. Außerdem war ich glücklich mit Antony, der mein erstes Nachwuchspferd im Stall und im gleichen Jahr wie Amaretto geboren war. Am Anfang war er ein bisschen schwach in der Piaffe, doch das besserte sich. In der Passage wurde er auch stärker, der Galopp war toll. Ich hatte gedacht, der ist ein bisschen lazy, insgesamt nicht schnell genug, während mein Tony ständig von einer Ecke zur anderen bockte und flitzte und immer in Bewegung war. Nun, Amaretto hat uns Lügen gestraft. Das ging so weit, dass er Antony überholte und wir ihn tatsächlich als Pferd für die ganz großen Aufgaben ansahen, als Gigolos Kronprinz gewissermaßen.

Mit acht oder neun Jahren gewann er das sogenannte kleine Aachen, ein Hallenturnier, das früher eine gewisse Bedeutung hatte. Da hat er zum ersten Mal auf sich aufmerksam gemacht. Seine erstaunliche sportliche Entwicklung hatte nicht etwa damit zu tun, dass er damals gesundheitlich so eine gute Phase hatte. Der Bewegungsablauf, das Potenzial waren von den Koliken unberührt. Er wurde mit dem Training einfach immer sportiver. Je mehr Anforderungen an ihn gestellt wurden, desto sportiver wurde er. Er verblüffte uns alle.

Und dann kam mit einem Mal wieder eine Kolik. Wir hielten allesamt den Atem an, schließlich kannten wir seine Vorgeschichte. Nach der langen guten Phase dachten wir noch, das könnte normal sein, das kann gelegentlich passieren. Doch von diesem Moment an fing das Problem wieder an. Es war der Startschuss zu wiederkehrenden Anfällen, und die Abstände wurden immer kürzer. Erst bekam er es einmal im Jahr, dann zweimal im Jahr, dann dreimal im Jahr, dann einmal im Monat und schließlich ungefähr jeden zweiten Tag. Dieses Pferd war unglaublich lieb und treu und ein wunderbarer und dankbarer Patient bis zum Schluss. Das machte es für uns umso schlimmer, mitanzusehen, wie er litt. Erst waren ihm seine Schmerzen noch anzumerken. Er wälzte sich, war unruhig, manchmal brachten wir ihn auch in die Klinik. Mit der Zeit änderte sich das Erscheinungsbild. Manchmal legte er sich nach dem Fressen hin und machte keinen Mucks mehr. Meistens hatte er in diesen Fällen vorher sein Futter nicht ganz aufgefressen. Er blieb ein, zwei Stunden still liegen, danach stand er auf, und alles war wieder gut.

Ich habe ihn ständig beobachtet, um herauszufinden, was mit ihm los war und in welchem Zusammenhang das Problem auftrat. Dieses stille Leiden ist viel schwerer zu beurteilen und auch zu ertragen, als wenn er sich dramatisch hingeworfen hätte. Beim Hinwerfen weißt du, was zu tun ist. Schlimm war diese Ungewissheit. Ich wusste nur, irgendetwas ist nicht normal. Stundenlang habe ich in seiner Krankenbox gesessen und versucht, jedes Detail zu registrieren. Professor Bernhard Huskamp, der Gründer und damals der Leiter von Hochmoor, hat erst einmal ungläubig abgewinkt, als ich ihm sagte, ich könnte inzwischen genau vorhersagen, wenn es gleich wieder losgehen würde. Aber ich habe es ihm erklärt: Immer, wenn die Nüster sich an der Seite in gekräuselte Falten legte, wusste ich, dass er Bauchschmerzen hatte und wieder eine stille Kolik bekam. Der Professor nahm sich einen Stuhl und setzte sich selbst in Amarettos Box – und wirklich, er musste mir recht geben und war ziemlich erstaunt.

Eines der prägendsten Erlebnisse hatten wir beim CHIO in Aachen. Damals war ich mit Gigolo in der großen Tour am Start, zu der auch der Nationenpreis gehört, und mit Amaretto in den Parallelprüfungen. Am Abend bevor es losgehen sollte, wies Amaretto alle Anzeichen einer Kolik auf. Der Turniertierarzt Peter Cronau untersuchte ihn und stellte eine sogenannte Aufhängung des Milz-Nieren-Bandes fest. Was das ist, lernte ich durch Amaretto: Es gibt eine Hohlstelle im Bauchraum zwischen Milz und Niere, in der sich mitunter ein Stückchen Darm einklemmt. Wir luden ihn also auf, ich ging zu ihm nach hinten in den Transporter, und fuhren abends gut zwei Stunden von Aachen in die Tierklinik Hochmoor. Und, Überraschung: Als wir ankamen, war alles wieder in Ordnung. Huskamp schaute nach und sagte, Sie können gleich wieder zurückfahren. Er sagte, das sei nicht weiter verwunderlich, denn eine Milz-Nieren-Band-Aufhängung löse sich oft wieder, wenn das Pferd sich wälzt. Oder auch, wie in unserem

Fall, auf einer Fahrt mit dem Lkw, wenn Bodenwellen auftreten und der Wagen rumpelt. Amaretto bekam nicht einmal Medikamente, obwohl das zu jener Zeit, in den 1990er-Jahren, noch beim Turnier erlaubt gewesen wäre. Heute ist ja so gut wie jede Medikation auf dem Turnier verboten. Aber wie gesagt: Er brauchte ohnehin nichts, es ging ihm wieder gut. Also sind wir zurückgefahren, und am nächsten Morgen habe ich ihn geritten. Die Probleme waren tatsächlich wie weggeblasen. Wir haben gewonnen, und zwar überwältigend: Auf Amaretto gewann ich die kleine Tour, mit Gigolo die große Tour. Das waren wirklich goldene Zeiten.

Aber der Stress mit und für Amaretto ging weiter, in manchen Phasen hatte er alle paar Tage eine Kolik. Alles Mögliche wurde untersucht. Wir ließen eine Magenspiegelung machen, doch wir konnten nichts finden, was uns weiterbrachte. Zumal man nicht viel sehen konnte, weil Futterreste im Weg waren. Es wurden nur ein paar verheilte Magengeschwüre festgestellt. Alles, was vor dreißig Jahren schon möglich war, haben wir versucht, allerdings war man tiermedizinisch noch nicht so weit wie heute. Natürlich dachten wir auch über eine Operation nach. Aber man geht das Risiko, ein Pferd auf den Operationstisch zu legen, ja nur sehr ungern ein. Das macht man nicht aus Neugierde. Solange er sich immer erholte, wollte niemand ihm den Bauch aufschneiden.

Zudem haben wir uns mehrfach gefragt, ob es sinnvoll ist, mit ihm weiterhin zu Turnieren zu fahren. Wir waren hin- und hergerissen. Aber wenn die Koliken vorbei waren, ging es ihm stets sehr gut, und er brachte großartige Leistungen, als wäre alles vergessen. Er war dann wieder völlig normal. Also entwickelten Professor Huskamp und ich für seine Einsätze einen richtigen Schlachtplan. Ich werde nie vergessen, wie ich mit ihm nach Genf zum Turnier fuhr und wir vorher versuchten, alle Eventualitäten vorauszusehen. Huskamp sagte, ich stehe bereit. Wenn es ganz schwierig wird, kann ich rasch nach Genf fliegen. Er prüfte, welche Möglichkeit es gab, Amaretto im Notfall in eine Tierklinik zu bringen – Zürich war informiert. Er hätte Amaretto dort auch operieren können. Und was geschah? Dem Pferd ging es super. Er hatte keinerlei Beschwerden. Bei diesem Turnier besiegten wir meine damals größte Gegenspielerin, Anky van Grunsven aus den Niederlanden, mit ihrem besten Pferd Bonfire. Amaretto war sportlich in der Form seines Lebens.

Aber da hatte mich längst die Unruhe gepackt. Manchmal, wenn ich zu Hause war, dachte ich plötzlich: Ich glaube, heute Abend nach dem Reiten hat Amaretto ein bisschen komisch geguckt. Ich bildete mir langsam ein, dass nur ich es erkennen könnte, wann er Bauchschmerzen hatte und wann nicht. Abends um 22 Uhr sprang ich plötzlich auf und fuhr noch einmal zum Doktor in den Stall, weil ich so ein ungutes Gefühl hatte. Das steigerte sich langsam zum Verfolgungswahn: Oft stand Amaretto dann entspannt in seiner Box und hatte gar nichts. Doch irgendwann, als die Abstände zwischen den Anfällen immer kürzer wurden, sagte Professor Huskamp, es nützt nichts. Wir müssen ihn operieren, um nachzusehen, wie wir ihm helfen können. Bei dieser Operation haben er und sein Team Amarettos Magen gespült und dreißig Kilo unverdautes Futter herausgeholt.

Der Befund war niederschmetternd. Amarettos Magen war um ein Vielfaches größer als ein normaler Pferdemagen, der etwa fünfzehn bis zwanzig Liter fasst. Und dieser Magen hatte sogar zusätzlich eine Tasche, gewissermaßen einen zweiten Magen, den man bei der Magenspiegelung gar nicht hatte sehen können. Die Tasche war auch voller Futter. Ich habe die Kiste stehen sehen mit dem aufgestauten Futter, das sie Amaretto entnommen hatten. Huskamp sagte: Wir haben gar nicht alles rausholen können.

In der Folge wurde er weitere zwei Mal operiert, um seine Beschwerden zu erleichtern. Längst ging es nicht mehr darum, dass Amaretto wieder fit wird und in den Sport zurückkehrt. Das war ausgeschlossen. Wir wollten ihm nur noch ein schmerzfreies Leben ermöglichen.

Heute müssen wir uns fragen, ob es richtig war, durch die Operationen den Leidensweg des Pferdes zu verlängern. Diese ethische Frage muss man sich in einem solchen Fall stellen. Aber wir haben ja gehofft, ihn retten zu können. Ein Schritt kam nach dem anderen. Erst entdeckten wir die Deformation des Magens, und er wurde ausgespült. Dann kam die nächste OP, der Magen war wieder voll gewesen. Man sieht das Pferd, wie es dasteht. Es hat die Operation überstanden. Es bewegt sich. Es kommt her. Es erkennt dich. Da sagst du dir, den können wir doch nicht einschläfern. Du hoffst schließlich, dass durch die nächste OP die Lösung kommt. Und Amaretto war so ein toller Patient. Er wollte kämpfen. Wir waren zwiegespalten, aber die Hoffnung wog stets schwerer als die Vorstellung, ihn einschläfern zu lassen. Eine solche Situation ist unglaublich schwer zu ertragen. Das Pferd, das Tier, wird in deiner Gefühlswelt einem Menschen immer ähnlicher. Und jeder von uns, der einen kranken Menschen vor sich hat, sagt: Wo noch ein Funken Hoffnung da ist, schaltet man den Apparat nicht ab.

Huskamp tat alles für ihn, was in seiner Macht stand. Er war ja Wissenschaftler und hat Amarettos Befunde später zu Studienzwecken eingesetzt. Er sagte, so etwas habe er nie zuvor gesehen und auch nie zuvor davon gehört. Ich bin ein Vierteljahr lang fast jeden Tag die Stunde mit dem Auto nach Hochmoor gefahren, um bei Amaretto zu sein. Wir haben in dieser Zeit zusammen mit einem Hersteller von Pferdefutter einen speziellen Bananenbrei erfunden, mit dem Amaretto wieder angefüttert wurde. Er bekam nur noch Flüssignahrung, damit sein Magen sich erholen konnte und sich nichts Neues festsetzte. Ich habe viele Stunden bei Amaretto in der Box gesessen.

Gelegentlich dachte ich darüber nach, was für ein Intensivkurs das ist: Ich wusste inzwischen so ziemlich alles über Koliken beim Pferd. Professor Huskamp war ein toller Mann, er war damals schon sechzig Jahre alt, und wir haben in dieser Zeit viel miteinander gesprochen, was für mich sehr lehrreich war.

Was für Professor Huskamp das Schlimmste war: Amaretto ist beim letzten Rettungsversuch, nach der dritten Operation, noch auf dem Tisch an Herzversagen gestorben. Für mich war es das Zeichen, dass er seine Entscheidung getroffen hatte. Als Huskamp aus dem OP kam, hat dieser nüchterne Wissenschaftler tatsächlich geweint. Er hatte eine ganz sachliche Art – ich vermute, dass er nie zuvor wegen eines Pferdes Tränen verdrückt hatte. Auch er hinterfragte sich kritisch: Hätten wir das Pferd früher einschläfern müssen? Habe ich die Wissenschaft über das Pferdewohl gestellt? Aber ich kann mich nur wiederholen: Wir hatten Amaretto ein gutes Leben ermöglichen wollen, es ging uns um ihn.

Das ganze Ausmaß seiner Erkrankung brachte die Obduktion zutage – ein schönes Leben als Rentner wäre ihm nicht mehr vergönnt gewesen. Die Erkenntnis nach der Sektion: Amarettos Magen war mit der Bauchdecke verwachsen, deswegen war die normale Verdauungstätigkeit eingeschränkt und führte zunehmend zu den Problemen. Eines steht fest: Wenn wir das Wissen aus der Sektion schon vorher gehabt hätten, hätten wir nach der ersten OP anders entschieden.

Im selben Jahr, als Amaretto starb, 1999, verletzte sich Gigolo in Aachen und stürzte mich damit in weitere Selbstzweifel. Das war eine schlimme Zeit, zumal die Trennung vom Doktor sich abzeichnete. Es hat in meiner Laufbahn immer wieder Schwierigkeiten gegeben: Ich musste mich vom Doktor lösen, Pferde wurden verabschiedet oder haben sich verletzt, bei anderen habe ich lange gebraucht, um den Schlüssel zu finden. Mehrfach musste ich um den Anschluss an den Spitzensport kämpfen. Wenn deshalb Leute in manchen Phasen glauben, jetzt wäre ich weg vom Fenster, meine Zeit wäre vorbei, dann haben sie meine Biografie nicht vor Augen. Ihnen ist nicht klar, durch welche schwierigen Phasen ich gegangen bin mit meinen Pferden. Die Leute sehen nur die vielen Goldmedaillen. Die Medaillen sind – überspitzt gesagt – für mich aber das Nebenprodukt des Geschäfts. Ich will nicht undankbar sein. Ich finde es toll, dass ich all die Medaillen gewonnen habe. Aber andere Erfahrungen haben eine viel größere Bedeutung für mein Leben. Geschichten wie die von Amaretto und meinen zahlreichen anderen Pferden haben mich geprägt. Und sie sind es auch, die mich über so eine lange Zeit haben erfolgreich werden lassen. Sie sind es, die mich als Person letztlich ausmachen. Die Liebe zu Pferden und das Wachsen an ihnen sind die Hauptgründe, warum ich das alles mache.

Fazit: Wer einen geduldigen Patienten wie Amaretto im Stall hat, der muss sich auf Tränen gefasst machen. Er kann lernen, die Pferde außerhalb des Leistungsgedankens noch besser zu lesen, und seine Beobachtungsgabe schulen.

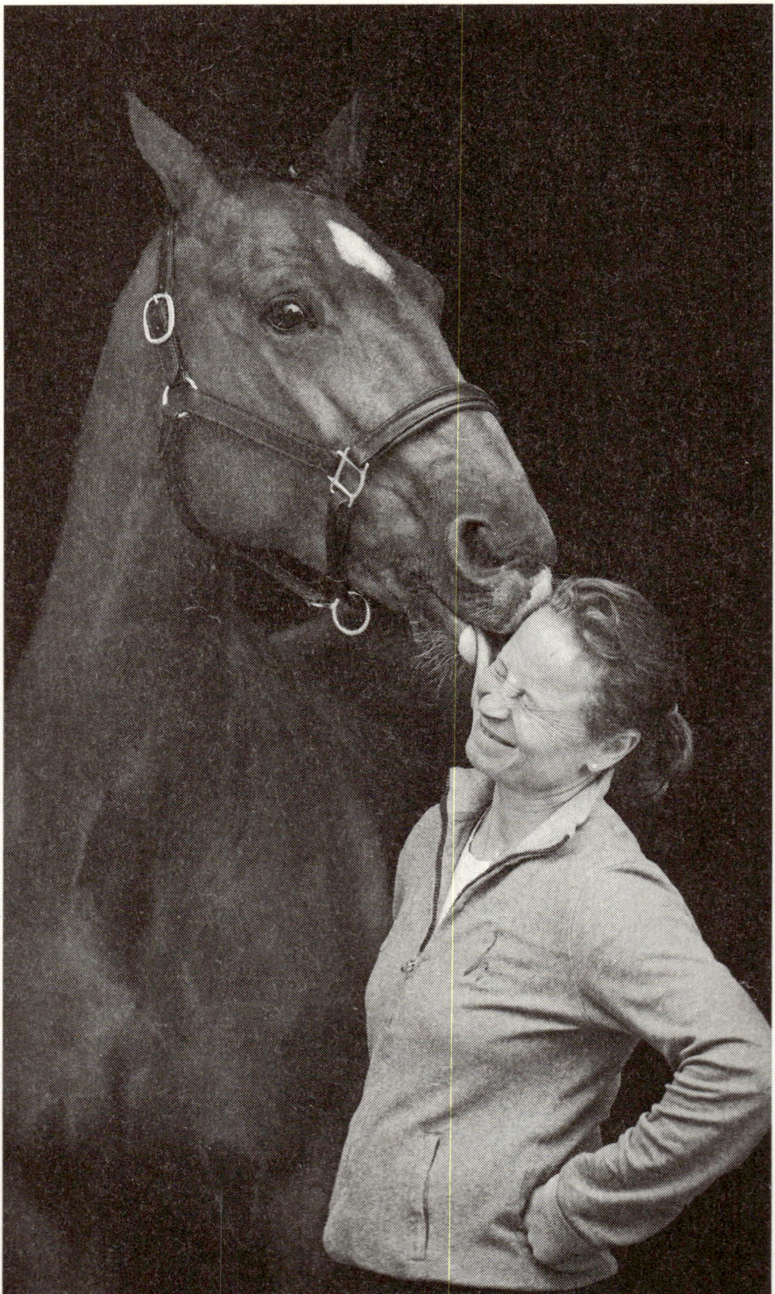

EMILIO
der Skeptiker

Emilios Geschichte begann mit einem Rätsel, das wir nicht lösen konnten. Er wurde gezüchtet von der Familie Strunk, genau wie Bella Rose, und die beiden Pferde sind sogar über ihren Großvater Cacir verwandt. Doch damit enden die Gemeinsamkeiten. Wir kannten Emilio bereits, als er noch bei Strunks stand, weil wir ihn dreijährig schon einmal im Stall gehabt hatten. Er ging zurück, weil er ein kleines gesundheitliches Problem hatte, und danach verloren wir ihn zunächst aus den Augen. Mein damaliger Mitarbeiter Matthias Bouten hatte vorher für Strunks gearbeitet, hielt sowieso Kontakt mit ihnen und erzählte mir zwei Jahre später: Mensch, mit diesem Emilio haben sie ernsthafte Probleme. Der ist ein richtig gutes Dressurpferd – aber niemand kann bei ihm aufsteigen. Ich fragte, wie, da kann keiner aufsteigen? Und Matthias schilderte weiter, dass inzwischen alle Angst vor ihm haben und fürchten, wenn einer versucht, ihn zu reiten, könnte er ums Leben kommen. Die wollen ihn loswerden. Ich habe Schwierigkeiten, zu umschreiben, was man in diesem Fall unter »loswerden« versteht. Aber klar, wenn man Angst haben muss, dass ein Mitarbeiter im Umgang mit diesem Pferd lebensgefährlich verletzt werden könnte, muss man Konsequenzen ergreifen. Ich sage seitdem immer: Emilio war schon kurz vor der Himmelswiese.

Matthias und ich wollten aber nicht akzeptieren, dass er aufgegeben wird. Matthias bot schließlich an, er wolle versuchen, das Problem zu lösen. Ich gab ihm freie Hand bis zu einem kleineren vierstelligen Betrag, und so holte er Emilio 2011 bei Strunks ab, brachte ihn zu uns und versuchte sein Glück. Er hat eine Engelsgeduld mit Emilio bewiesen, denn es stimmte: Er ließ niemanden aufsteigen, auch Matthias nicht. Das Pferd war eigentlich lieb, meistens total brav. Aber sobald einer in seinen Sattel steigen wollte, geriet er in fürchterliche Panik. Pferde haben ja fast einen Rundumblick. Und immer, wenn hinter seinem Auge etwas hochging, war er weg. Also richtig weg. Emilio konnte niemand halten in solchen Augenblicken. Man konnte nicht sagen, okay, ich halte ihn fest, so lange du aufsteigst, und dann könnt ihr allein weitermachen. Unmöglich. Man konnte ihn nicht regeln. Es ging nicht.

Wir haben versucht, Detektiv zu spielen, aber wir haben nie herausgefunden, woher das kam. Strunks konnten sich nicht erklären, was ihn beim Aufsteigen so verrückt gemacht hatte. Und sie wussten auch nicht, was für Probleme er jemals mit dem Schmied gehabt hatte. Denn das war das andere verstörende Phänomen. Emilio drehte durch, wenn er einen Schmied nur roch – in deren Nähe riecht es ja immer ein wenig nach verbranntem Horn.

Bis heute weiß er längst vor mir, wann der Schmied um die Ecke biegt. Vor einiger Zeit habe ich ihm in der Halle seine Hufe ausgekratzt, hatte gerade eines seiner Beine abgesetzt und wollte zum nächsten Huf – da war er weg. Erst da merkte ich, dass der Schmied im Anmarsch war. Ein anderes Mal hatte die Pflegerin ihn gerade noch im Schritt geführt, da kam der Schmied in die Halle, um zu besprechen, was an dem Tag alles zu machen war – Emilio fing vor Aufregung wie so oft an zu schnorcheln, das ist eine Art, auszuatmen, die Unsicherheit signalisiert. Nach mehr als zehn Jahren, die er ohne negative Schmied-Erfahrung bei uns verbracht hatte.

Wir kommen inzwischen natürlich zurecht. Aber bis heute ist das Beschlagen ein ganz besonderer Akt bei ihm. Alles wird genau vorbereitet. Der Termin wird in die Mittagszeit verlegt, wenn Ruhe im Stall ist und auch der Schmied keinen Stress hat. Es wird dafür gesorgt, dass nur ja keine Bewegung zu heftig oder zu stressig ist. Überhaupt hegt Emilio ein grundsätzliches Misstrauen gegen Männer.

Was man daran erkennen kann: Emilio ist hochsensibel und in seinem Charakter extrem nachhaltig. Was auch immer er erlebt hat, er vergisst es nie wieder. Die Empfindlichkeit bleibt, egal, was später kommt. Emilio ist und bleibt ein unverbesserlicher Skeptiker, er schaut extrem aufmerksam in die Welt hinaus, immer hellwach, immer fokussiert. Wenn man ihm ins Auge schaut, merkt man, wie sensibel, wie speziell er ist. Dieser Kopf! Diese Denke! Dieses Verhalten! Ich kenne kein anderes Pferd, das so ist wie Emilio.

Was also tun? Der Umgang mit einem solchen Pferd ist eine Herausforderung, selbst für die Spezialisten. Matthias hat sich viele Gedanken gemacht um den jungen Emilio und eine Menge Mut bewiesen, denn die Aufgabe war gefährlich. Er hat sehr kreativ mit ihm gearbeitet. Wir wussten ja nicht, welche Erfahrung ihn so verstört hatte, und mussten uns irgendwie herantasten.

Matthias versuchte es zum Beispiel mit einer Strohpuppe in Emilios Sattel, doch auch das brachte ihn nicht weiter. Schließlich verpasste er ihm eine Augenklappe, die Emilios linkes Auge ganz verschloss – siehe da, das war die Lösung. Ganz, ganz vorsichtig konnte er danach in Emilios Sattel gleiten. Später bekam er Scheuklappen, wie die Fahrpferde sie haben – und das war dann für ihn in Ordnung.

Als Matthias meinen Stall verließ, habe ich mich selbst draufgesetzt, da war Emilio sieben. Ich verhielt mich natürlich am Anfang sehr vorsichtig. Ich drehte ihn beim Aufsteigen mit dem Kopf zu einer Ecke oder zu einer Wand, damit er nicht freie Bahn gehabt hätte, wenn er die Flucht hätte ergreifen wollen. Und das war noch nicht die ganze Gefahr. Er hatte auch Phasen, wenn ihm zum Beispiel etwas zu viel wurde, in denen er sich einfach befreit hat und losgerannt ist. Wenn er solche Panik bekam und ich versucht habe, ihn abzufangen oder gar gegenzuhalten, wurde er von Runde zu Runde nur immer schneller. Und zwar so schnell, dass ich dachte, gleich fliege ich mit ihm durchs Fenster. Das war lebensgefährlich. Ihn zu bremsen wurde dann unmöglich. Ich musste in den leichten Sitz gehen, die Einwirkung mit der Hand aufgeben und ihn loben, auf diese Weise hat er sich am schnellsten wieder eingekriegt. Und plötzlich war wieder alles gut.

Der Punkt ist: Man darf nicht riskieren, dass eine Situation entsteht, in der das Pferd in alte Verhaltensmuster zurückfallen könnte. Denn die verschwinden nie ganz. Ich muss immer im Hinterkopf behalten, dass ich bei Emilio keine Panik riskieren darf. Der Satz des Doktors gilt auch hier: Wenn Pferde zu irgendeiner Kurzschlussreaktion neigen, kommt sie irgendwann wieder, und zwar in dem Moment, wenn du nicht mehr damit rechnest. Das Aufsteigen jedoch geht bei Emilio zum Glück schon lange trotzdem im Schlaf. Und er geht mir auch nicht mehr durch.

Emilio scheint grundsätzlich der Lage nicht ganz zu trauen. Auf der anderen Seite ist er total zärtlich. Es gibt kein anderes Pferd, das einen Menschen so hingebungsvoll ableckt wie er. Wenn er einmal anfängt, hört er nicht mehr auf. Er leckt die Jacke, das Gesicht, die Ärmel. Das ist wirklich irre, wie er dann loslegt. Er ist der Liebling meiner Pferdepflegerin Steffi, und er ist total fokussiert auf sie. Allein sein kann er nur schwer. Wenn wir zum Turnier fahren, braucht er auf dem Transporter immer einen Nachbarn. Wenn sein Nachbar ausgeladen wird, ist er regelrecht erschüttert, er fängt an herumzuwiehern und zu schreien. Auf der anderen Seite giftet er jeden Artgenossen an, der in der Halle an ihm vorbeigeht und ihm zu nahe kommt. Nur Pferde. Menschen nie. Ein Mensch könnte bei ihm in der Box nächtigen und wäre in keinerlei Gefahr. Andere Pferde aber feindet er oft an. Nach dem Motto: Platz da, hier komme ich!

Früher hat er auch schon mal mit dem Hinterbein nach anderen Pferden geschlagen, allerdings nur zur Warnung, er hat noch nie eines getroffen. Allerdings hätte ich, als er jung war, nicht unbedingt meine Hand für ihn ins Feuer gelegt. Man hat das Gefühl, Emilio ist durchgängig in der Defensive, sehr sensibel, aber immer bereit zur Verteidigung. Was für ein seltsames Pferd. Voller Widersprüche. Einerseits hoch empfindlich, andererseits ganz starr. Es ist wie beim Menschen, manche sind stumpfsinnig, manche hypersensibel. Wenn er ein Mensch wäre, würde man vielleicht sagen, er zeigt »auffällige Verhaltensmuster«.

Als ich mit ihm mein erstes Turnier bestritten habe, musste Steffi uns beim Einreiten begleiten. Egal, was die Leute sagen würden – zur Sicherheit führte sie Emilio an einem Strick. Ich dachte, wenn der jetzt eine Situation erlebt, in der er Angst bekommt, sind wir in echten Schwierigkeiten, weil er das Trauma nicht mehr loswird. Zum Glück ging alles gut. Auch diese Ängste habe ich heute abgelegt. Er wird in Siegerehrungen eher mal ein bisschen frech. Dann will er herumbocken, ich muss ernsthaft aufpassen, dass ich nicht herunterfalle. Aber das ist etwas anderes, damit kann ich viel besser umgehen. Trotzdem behalte ich immer im Hinterkopf: Auf keinen Fall darf Emilio Panik kriegen.

Wie man sieht, haben Matthias und ich uns sehr viel Arbeit mit Emilio gemacht und einige Risiken auf uns genommen. Herausforderungen haben uns ja nie abgeschreckt. Und es hat sich gelohnt. Obwohl Emilio vom äußeren Bild nicht gerade dem Ideal eines modernen Dressurpferdes entspricht. Er ist ziemlich groß und dabei eher der kantige, altmodische Typ. Doch er ist mit dem Training und der sich entwickelnden Bemuskelung viel schöner geworden, wie viele Pferde, wenn sie das richtige Dressurtraining bekommen.

Seinen ersten Auftritt werde ich nie vergessen. Das war bei Madeleine in Mellendorf. Sie hatte verschiedene Honoratioren zu sich eingeladen, und der vierfache Olympiasieger Ludger Beerbaum, dem sie als Mäzenin viele Springpferde zur Verfügung stellt, und ich sollten ihnen ein paar Pferde vorführen. Ludger hatte seinen Geschäftspartner Philipp Weishaupt mitgebracht. Als Philipp auf der Stallgasse an mir und Emilio vorbeikam, sagte er: Was ist denn das für ein Tier? Springreiter nehmen eben kein Blatt vor den Mund. Er fragte: Was willst du denn mit dem? Als er ihn später unter dem Sattel hatte gehen sehen, kam er noch einmal zu mir und erklärte: Jetzt weiß ich, was du willst. Ich nehme alles zurück. Das war bezeichnend für Emilios Erscheinungsbild. Wenn er sich in Bewegung setzt, ist er ein anderes Pferd.

Tatsächlich ist er unglaublich elastisch. Jede seiner Bewegungen geht durch seinen ganzen Körper, er führt sie praktisch mit jeder Faser aus. Auch Schwung bringt er von Haus aus mit, den muss ich nach einer Pause nicht erst locker machen, damit sein Körper schwingt, und das überträgt sich in jede Lektion, auch in Piaffe, Passage und Pirouette, die Lektionen mit höchster Versammlung auf kleinstem Raum. Er nimmt seinen ganzen Ablauf in jede Übung mit.

Dass ein Pferd keinen ganz so eleganten, oder sagen wir ruhig einen groben Körperbau hat, muss nicht heißen, dass es für große Aufgaben ungeeignet ist. Es kommt auf das Gangwerk an. Und darauf, wie ein Pferd mit seinem Körper umgehen kann. Man sagt immer, kleinere Pferde sind ein bisschen drahtiger und dadurch schneller und wendiger. Größere Pferde können das aber durch Elastizität ausgleichen. Das ist genau wie bei Menschen. Die Großen gehen oft von A nach B, und du denkst, was ist denn das für ein Lulatsch. Der muss sich körperlich wohl erst noch ein bisschen formieren. Elastizität ist dabei das Wichtigste. Das Gummi im Körper. Man muss ein Pferd schnell vorwärts- und rückwärtsreiten können, wie wir das nennen, also in den Gangarten Verstärkungen reiten und es zurücknehmen können. Diese Fähigkeit gehört zu den Grundlagen eines Dressurpferdes. Man muss schnell um eine Kurve kommen, es muss sich ohne große Mühe klein machen können für Piaffe und Passage, und man sollte unterwegs von einer Lektion zur nächsten nicht mehr alles neu ordnen müssen, sonst ist es für ein Grand-Prix-Pferd zu langsam.

Diese Sensibilität, Feinheit und Leichtigkeit, gepaart mit seinem Temperament, sind bei Emilio gegeben, und das hat alle Schwierigkeiten mit ihm immer überragt. Es gibt Pferde, die sehr gut unterwegs sind, weil sie gute Noten für ihre Grundgangarten bekommen, bis es an die höchsten Schwierigkeiten geht. Wenn sie dafür nicht wendig genug sind, bleiben sie eben Pferde für die Kleine Tour, also die zweite Reihe.

Emilio hingegen hat unglaublich tolle Ergebnisse erzielt. Er hätte durchaus den einen oder anderen internationalen Titelkampf bestreiten können, hätten ihm nicht abwechselnd Bella Rose oder Weihegold im Weg gestanden. In einem anderen Stall hätte er die unangefochtene Nummer eins werden können, sage ich immer. Man sieht daran, wie gut ich in dieser Phase beritten war. Das war eine tolle Zeit mit drei so starken Pferden im Stall, wirklich außergewöhnlich. In den Zeiten, in denen er sich an der Spitze präsentieren durfte, brachte Emilio zuverlässig seine Leistung. Das größte Highlight: Bei den deutschen Meisterschaften 2017 haben wir den Titel in der Kür gewonnen. Und zwar vor Jessica von Bredow-Werndl mit Dalera, die später Olympiagold und die Europameisterschaften gewannen. Auch den Großen Preis von Aachen habe ich mit Emilio gewonnen, das war ein Jahr später – obwohl wir in der ersten Prüfung der Woche ein paar Probleme hatten durchstehen und das Erlebte verdauen müssen. Im Grand Prix schüttelte er ein paarmal unwirsch den Kopf und leistete in der ersten Piaffe Widerstand – eine ganz ungewöhnliche Erfahrung für mich und wohl auch für ihn selbst in einer Prüfung, denn er kam völlig aus dem Tritt. Emilio eben, empfindlich, weich und reaktionsschnell.

Tatsächlich neigte er früher in gewissen Momenten dazu, wenn er nervlich angespannt war, eine Zügelhilfe mit einem kleinen Kopfnicken zu quittieren. Das passierte, wenn er sich in seinem Rhythmus gestört fühlte. Eine überspannte Reaktion. Wenn ich wollte, dass er sich dreht, und er gedacht hatte, es geht weiter geradeaus. Dann konnte er schon mal kurz Nö sagen. Das war eine kleine, unwillige Gegenreaktion gegen die Parade, als ärgerte ihn gerade eine Fliege. Es war keine echte Gegenwehr gegen die Zügel oder ein Wegducken von den Hilfen. Aber natürlich wird so etwas von den Richtern mit Recht als mangelhafte Anlehnung interpretiert. Solch eine kurze Gegenreaktion begünstigt leider auch Fehler in den fliegenden Galoppwechseln.

Es muss jedoch betont werden: Am folgenden Sonntag in der Kür war die Krise vollständig überwunden, und wir gewannen den Großen Preis – immerhin einen der prestigeträchtigsten Dressurwettbewerbe der Welt. Manche sagen, das Nonplusultra. Und das, nachdem die Presse unseren Grand Prix als »desaströs« bezeichnet hatte. Aber es wird eben erst am Ende abgerechnet.

Solche Reaktionen sind bei Emilio reine Übersprungshandlungen. Er muss sich zum Beispiel häufiger jucken. Das braucht er, um Anspannungen abzubauen. Es ist wie ein Ritual. Kein anderes meiner Pferde schubbert sich ähnlich oft wie Emilio, er reibt sich gern ganz intensiv und ausgiebig die Nüster an seinem Bein. Sehr oft, allerdings nicht mehr so oft wie früher – er kommt mir manchmal vor wie ein kleiner Neurotiker mit Zwangsstörungen.

Das Zusammenspiel zwischen seinem Körperbau und seiner Elastizität hat dazu geführt, dass sich Emilio auch in späten Jahren weiterentwickelt hat. Er wurde immer schöner und reifer. Als er bereits sechzehn war, habe ich meinen Zugang zu ihm sogar noch einmal deutlich verbessern können – es ist wirklich ein weiterer Knopf aufgegangen. Das war im September 2022 in Ludwigsburg, ein wirklich lehrreiches Turnier für mich. Er wurde ja immer schnell heiß und steigerte sich in einen Übereifer hinein, sodass ich ihn viel laufen ließ, damit er beschäftigt war. Das ging diesmal aber nicht. Emilio hatte gerade eine Griffelbein-Operation hinter sich, die zwar völlig ausgeheilt war, doch der Boden war nicht ideal, und ich fürchtete, er könnte sich gleich wieder verletzen. Also habe ich ihn nicht viel laufen lassen. Ich habe ihn etliche Lektionen machen lassen – die musste ich ihm natürlich längst nicht mehr erklären, es war mehr ein spielerisches Abrufen. Dazwischen habe ich Schrittpausen gemacht. Wieder eine Lektion. Wieder Schritt. Und siehe da: Aus der Not wurde eine Tugend. Emilio hat hervorragend auf die neue Prüfungsvorbereitung reagiert. Und die Anlehnung war supergleichmäßig, keine Spur von Kopfnicken, weil er sich nervlich nicht verspannte. Dieser Fortschritt so spät in seiner Karriere hat mich begeistert und inspiriert, auch andere Gewohnheiten im Umgang mit meinen Pferden noch einmal zu überdenken. Eigentlich hatte ich vor, Emilio Mitte Dezember 2023 beim Turnier in der Frankfurter Festhalle vom Sport zu verabschieden. Doch als wir im November in Stuttgart beide Weltcupprüfungen gewannen, beschloss ich spontan, seine Laufbahn noch ein wenig zu verlängern. Er war in hervorragender Form, hat glänzend mitgespielt und das Turnier in vollen Zügen genossen. Verabschiedet haben wir ihn dann nach zwei Siegen vor der malerischen Kulisse des Wiesbadener Schlosses. Und ich kann sagen: In alter Frische.

Auch diese späten Erfahrungen zeigen, was für ein ungewöhnliches Pferd Emilio war und ist. Pfiffig und seltsam zugleich, misstrauisch und supertalentiert, ein Charakterpferd, das nach einem stressigen Anfang in der Lage war, meilenweit über sich hinauszuwachsen.

Fazit: Wer einen Skeptiker wie Emilio im Stall hat, muss bereit sein, sich auf ihn einzulassen. Aber vorher sollte er sich genau fragen, ob er dieser Aufgabe gewachsen ist.

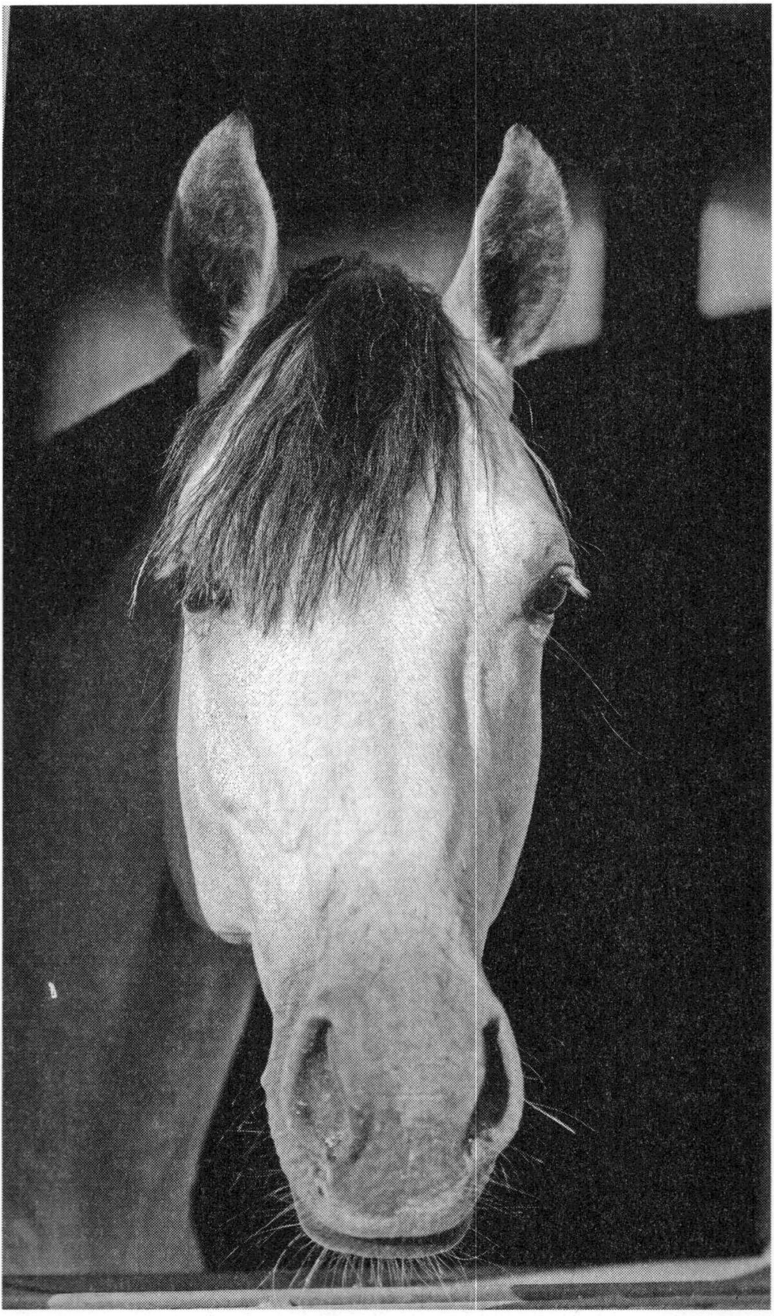

BELANTIS
der Zauderer

Als ich Belantis zum ersten Mal sah, hatte ich Gänsehaut. Was für ein Bild von einem Pferd! Es war 2013 auf dem Turnier in Verden, ich kam gerade mit einem anderen Pferd aus der Arena und ritt zurück in den Stall, als ich auf dem Abreiteplatz einen Schimmel laufen sah. Ich dachte: Wow! Wer ist denn das? Der würde wahrlich sehr gut in meinen Stall passen. Also erkundigte ich mich nach dem Pferd und erfuhr über den Hengsthalter Hermann Schult, mit dem ich immer wieder zusammenarbeite, dass das Belantis sei, der Vorzeigehengst des Haupt- und Landgestüts Neustadt-Dosse in Mecklenburg-Vorpommern. Ich fand Belantis einfach wunderschön. Er hatte zudem einen großartigen Bewegungsablauf, sein ganzer Habitus hat mir gefallen. Belantis hatte eine Aura, die mich inspiriert hat. Und nicht nur mich. Belantis zog die Blicke auf sich, und seine Erscheinung wurde allseits bewundert. Wie er den Kopf hob und in die Welt hinausschaute. Auf den ersten Blick dachte man: ein Eroberer. Doch wir mussten lernen: Belantis ist in Wahrheit mitnichten ein Eroberer. Auf den zweiten Blick sah man: Der schaut viel eher wie ein angeschossenes Rehlein.

Es dauerte nicht lange, und der Landstallmeister von Neustadt-Dosse, der von meiner Begeisterung erfahren hatte, ließ anfragen, ob der Hengst zur Ausbildung und Präsentation in meinen Stall kommen könnte. Natürlich sagte ich sofort Ja.

Für solch ein Pferd mache ich immer eine Box frei. Allerdings hatten die Leute in Neustadt-Dosse eine andere Laufbahn für ihn vorgesehen, als es bei mir üblich ist – ich lege nicht so viel Wert auf die Jungpferde-Prüfungen, weil unser Fokus gleich von Anfang an auf die Grand-Prix-Ausbildung ausgerichtet ist. Belantis aber sollte erst einmal hauptsächlich als Zuchthengst präsentiert werden und musste auf Turnieren vorgestellt werden, für die ich gar keine Kapazitäten hatte. Also übernahm ihn zunächst meine Bereiterin Beatrice Buchwald. Und siehe da: Fünfjährig gewann Belantis das Bundeschampionat, also die wichtigste nationale Prüfung für Nachwuchspferde. Und sechsjährig wurde er Zweiter bei der Weltmeisterschaft der jungen Dressurpferde. Er bewies wirklich große Qualität. Danach habe ich ihn selbst in Beritt genommen. Zunächst hatte Madeleine nur eine Hälfte von ihm erwerben können, nun kaufte sie dem Gestüt auch die zweite Hälfte ab, und er wurde hauptsächlich Sportpferd.

Doch ich spürte mehr und mehr, dass da etwas nicht passte. Ich war weiterhin fasziniert von dem Pferd und seinen tollen Bewegungen, aber ich dachte insgeheim: Oh, oh, das wird nicht einfach mit ihm. Gleich darauf dachte ich wieder, okay, ich kenne ihn noch nicht allzu gut. Vielleicht ist es eine Frage des Alters und des Aufbaus, denn er wurde ja anders aufgebaut als meine sonstigen Pferde. Die Lektionen waren auch gar nicht das Problem. Es war jedoch immer schwierig, genau hinzureiten zu dem Punkt, an dem die Lektion gefragt war, und ihn dazu zu bringen, sie dort auszuführen. Wenn ich sie irgendwo abgefragt habe, wo es ihm gerade gefiel, klappte es gut. Aber wenn ich verlangt habe, dass er dasselbe genau an einem von mir bestimmten Punkt x macht, gab es häufig Schwierigkeiten. Lieber drei Meter davor oder fünfzehn Meter dahinter. Ich befürchtete schon ganz zu Beginn: Das könnte ein psychisches Problem sein.

Belantis hat immer gehadert, wenn es schwierig wurde,

wenn es an die Lektionen mit höchster Versammlung ging, von denen der Spitzensport lebt. Er konnte alles. Aber er wusste nicht, wieso, weshalb, warum er es gerade jetzt machen sollte. Er schien sich zu fragen: Vielleicht doch? Oder vielleicht doch lieber nicht? Ewig diese sinnlosen Diskussionen mit mir. Dabei ging es ihm nicht um die Dominanzfrage. Es war überhaupt kein Kräftemessen im Spiel. Er traute es sich einfach nicht zu. Dann doch wieder ein bisschen mehr. Und dann lieber wieder doch nicht. Dieses Hin und Her hat das Pferd die ganze Zeit durchlebt. Ein ganz instabiles Verhalten. Soll ich? Kann ich? Jetzt! Oder doch nicht. Wie ein Kind auf dem Sprungbrett im Schwimmbad.

Solch einen Zauderer hatte ich noch nie unter dem Sattel. Ich dachte mir, das müsste sich doch irgendwie festigen lassen. Ich bin ja grundsätzlich Pferde gewöhnt, die kämpfen wollen. Ein gutes Springpferd zum Beispiel sieht den Sprung und will den Sprung auch überspringen. Es wird von diesem Sprung förmlich angezogen. Und mit einem Dressur-Champion reite ich ins Viereck, und er will den Grand Prix gehen. Der will die Piaffe machen. Er ist übermotiviert. Ein Topathlet spielt irgendwann sogar mit den Lektionen. Er mag vielleicht gelegentlich abgelenkt sein oder irritiert oder vielleicht mal überspannt. Grundsätzlich ist er jedoch auf die Lektionen fokussiert. Belantis aber haben die Grand-Prix-Lektionen eingeschüchtert.

Es gibt auch solche Menschen, die sich nichts trauen, weil sie nicht an sich selbst glauben. Du kannst ihnen noch so gut zureden, sie glauben dir nicht und können sich nicht präsentieren und entwickeln, wie es von ihren Anlagen her möglich wäre. Diese nicht entwickelten Talente – eigenartig. Ich habe wirklich viele Schwierigkeiten mit frechen, übereifrigen, temperamentvollen Pferden gemeistert. Und ausgerechnet dieses Häschen zeigte mir meine Grenzen auf.

Ich grübelte permanent darüber nach, woher diese Instabilität kommt. Warum sein Können nicht abrufbar ist, wenn ich es brauche. Ich habe versucht, ihn zu stärken, schon indem ich ihn nicht aufgegeben habe. Mit dem intensiven Üben von Übergängen. Mit Turnieren. Mit Lektionen. Ich habe versucht, seine Blockade durch das wiederholte Reiten an die entscheidenden Punkte zu lösen. Ich habe ihn häufig gelobt, um ihm mehr Selbstbewusstsein zu geben. Er bekam Zückerchen hier und Betüttelung da. Er war ja auch kein Pferd, das ich durch Kraft zur Leistung bringen konnte. Das Gegenteil von Quantaz, der mental so stark ist, dass man manchmal viel Kraft braucht, um ihn zu kontrollieren. Aber Belantis war eben nicht mental stark. Er war wie aus Zucker. Hoppla, jetzt komm ich – so etwas gab es bei ihm nicht. Er fraß auch in seinen Anfangsjahren ganz mäkelig. Und wenn er zum Beispiel irgendeine Maulpaste bekommen hat, etwa eine Wurmkur oder einen Energy-Booster, dann hat er seine Lippen eine halbe Stunde nicht bewegt. Er hat nichts mehr angefasst. Wie angeekelt. Vorwurfsvoll, als hätten wir ihn vergiftet.

Im Stall nannten sie ihn immer »die Pussy«. Ich benutze das Wort nur zögernd, damals wurde er nun mal so genannt, heute würde sich dieser Spitzname sicher nicht mehr einbürgern. Aber – unter uns Pastorentöchtern – auf Belantis passte es genau. So reagierte er. Wenn etwas falsch lief, war er total hilflos, kindisch bis hysterisch. Ich wollte wirklich zu ihm sagen, meine Güte, du bist doch ein erwachsener Mann, was stellst du dich denn dermaßen an? Nun, so war er eben, und ich konnte das Problem durch Reiten nicht lösen. Er flutschte mir einfach weg. Es gibt Menschen und Tiere, die mentalen Stress haben, wenn sie etwas Schwieriges machen müssen, obwohl sie es eigentlich beherrschen. Mir ist es einfach nicht gelungen, einen Fighter aus ihm zu machen.

Schließlich dachten wir, er könnte gelassener und auch mutiger werden, wenn wir seine Laufbahn als Zuchthengst endgültig beenden und ihn im Sport als Wallach weitergehen lassen. Madeleine als Besitzerin war sofort mit der Kastration einverstanden, das ist bei einem Pferd ja ein leichter Eingriff. Sie ist schließlich nicht abhängig von Einnahmen aus der Zucht. Allerdings hat der Eingriff, der im Jahr 2018 vorgenommen wurde, kaum eine Veränderung gebracht. Um nicht zu sagen: gar keine. Also habe ich gesagt: Okay, dann bin ich wohl die falsche Reiterin.

Es gab einen Grand Prix, 2020 in Reutlingen, den ich mit Belantis gewonnen habe – da dachte ich kurz, jetzt habe ich einen Meilenstein erreicht. Es war gut, und ich war happy. Aber eigentlich hätte ich mir eingestehen müssen, dass die Sicherheit und Selbstverständlichkeit, die hätten da sein müssen, immer noch nicht gegeben waren. Die schweren Lektionen, die im Grand Prix gefordert werden, bedeuteten eben einfach zu viel Stress für ihn. Ich hatte zu Beginn sogar geglaubt, dass Belantis mein nächstes Championatspferd werden könnte, ein Kandidat für Olympische Spiele. Davon waren wir indessen weit entfernt.

Ich habe schließlich zu meinem australischen Bereiter William Matthew gesagt, reite du ihn mal, vielleicht passt du besser zu ihm. Wir waren zu diesem Zeitpunkt schon so weit, dass Madeleine sagte, wenn er für Australien auf dem Turnier eine gute Figur macht, reicht das, dann freuen wir uns. Für Will war dieser Wechsel ein großer Vertrauensbeweis, aber auch eine große Herausforderung. Er ist ein sehr freundlicher, höflicher Mann, ein sehr positiver Mensch, der das Ganze als Chance sah und sich sehr viel Mühe mit Belantis gab. Zudem ist er ein sehr guter Reiter, der einem Pferd mit schwachem Selbstbewusstsein den nötigen Rahmen und Halt geben kann, sodass in einer Prüfung die Lektionen wirklich abgerufen werden können. Ihm gelang zum Schluss eine sehr gute Prüfung mit Belantis, ein Grand Prix, den er gewonnen hat. Aber auch William sagte, ein Stück Unsicherheit ist immer noch da bei Belantis. Die große Bühne war weiterhin nicht seins.

Und dann sagte mir Andreas Helgstrand, der Turnierreiter und Dressurpferdehändler aus Dänemark, er sei auf der Suche nach einem guten Pferd für seinen Sohn Alexander Yde Helgstrand für die Junge-Reiter-Prüfungen. Er brauche eins, das sich vor allem gut bewegen könne. Ich konnte guten Gewissens sagen, dass ich mit Belantis ein Pferd im Stall hatte, das all das mitbringt, was auf diesem Level gebraucht wird: hervorragende Grundgangarten und eine tolle Ausstrahlung. Tatsächlich muss ein Pferd auf diesem Leistungsniveau weder Piaffe-Passage beim Punkt x machen noch ganze Pirouetten drehen. Belantis war dabei also mental nicht so gestresst wie im Grand Prix. Es hat bestens geklappt mit Pferd und Reiter, die beiden erzielten zusammen hervorragende internationale Ergebnisse – es war die richtige Aufgabe für das Pferd. Nach dieser Zeit hat ihn eine schwedische Amateurreiterin übernommen, die ihn bei kleineren Prüfungen einsetzen will, und ich bin überzeugt, auch dort kann der Schimmel in seiner ganzen Schönheit strahlen.

So ist Belantis ein gutes Beispiel dafür, dass man irgendwann auch mal die Reißleine ziehen muss, wenn die Dinge mit einem Pferd nicht so gehen, wie es sein müsste. Ich bin total im Reinen mit dieser Entscheidung und sogar erleichtert, weil wir eine Lösung gefunden haben und das Pferd eine Aufgabe hat, mit der es glücklich wird. Man könnte natürlich sagen, ich habe ihn aufgegeben. Man kann aber auch sagen, ich war einsichtig und habe erkannt, dass er den Aufgaben bei mir nicht gewachsen war. Ich war ja lange Zeit hin- und hergerissen. Ich habe mich viele Male gefragt, ob es vielleicht eine Option gibt, die ich noch nicht ausprobiert habe, ob ich irgendetwas übersehen habe, was die Lösung hätte bringen können. Normalerweise lasse ich nicht locker, so lange, bis ich ein Problem gelöst habe. Zumal Belantis ausgesprochen große Qualität hat. Aber wir haben ihm alle Zeit der Welt gegeben und alles versucht, und dann musste ich sagen, er wird nicht glücklich mit mir. Vielleicht hätte ich noch ein paar Grand Prix mit ihm gewonnen – doch das hätte niemandem etwas gebracht. Dazu war er schlicht zu teuer gewesen, schließlich müssen wir immer auch wirtschaftlich denken. Ich habe Madeleine gesagt, du hast für dieses Pferd viel Geld ausgegeben. Bevor wir das verlieren, geben wir Belantis lieber weiter und machen zu Hause Kapazitäten frei. So ist er einer der wenigen Fälle geblieben, die ich nicht an den Punkt entwickeln konnte, an den ich wollte. Na ja, es ist eine alte Weisheit: Man muss mit dem arbeiten, was man hat. Und Belantis hat auf Umwegen doch noch seine Bestimmung gefunden – ohne die Anforderungen des Grand Prix.

Fazit: Wer einen Zauderer wie Belantis im Stall hat, der sollte die Anforderungen seinen mentalen Möglichkeiten anpassen. Manchmal muss man aber auch einsehen, dass man nicht der richtige Reiter für ein Pferd ist.

SUPERB
die Diva

Ich bin einmal von einem Journalisten gefragt worden, was eigentlich die Stärken meiner schwarzen Stute Superb seien. Ich habe gesagt: Ihre Stärke ist eigentlich, dass sie keine Schwächen hat. Sie ist super in allen Gangarten, Schritt, Trab und Galopp. Sie hat insgesamt eine enorme Beweglichkeit, extrem grazile Beine mit viel, viel Schulterfreiheit. Sie ist also nicht nur eine elegante Erscheinung, sondern hat von Natur aus das ganz große Talent für die schweren Dressurlektionen. Zum Beispiel zeigt sie eine herausragende Versammlungsfähigkeit – aber eben noch viel mehr. Natürlich musste ich auch sie wie alle anderen erst aufbauen – ein Pferd braucht für diese schweren Aufgaben genug Kraft und Balance. Und in dieser Phase gab es in unseren Anfängen einige Schwierigkeiten zu überwinden, sodass wir viel Zeit verloren. Als wir jedoch im November 2023 beim Turnier in Stuttgart antraten und beide Prüfungen, in denen wir starteten, gewannen, war mir klar: Wenn alles so kommt, wie ich mir das vorstelle, habe ich ganz große Perspektiven mit ihr. Zu dieser Zeit war sie elf Jahre alt.

Nachdem wir also gegen starke Konkurrenz den Titel »Stuttgart German Master« gewonnen hatten, wollte es das Protokoll, dass ich mit meinem Pferd am Rand des Vierecks stehen bleiben, ein Mikrofon in die Hand nehmen und ein paar Fragen des Moderators Carsten Sostmeier beantworten sollte. Das konnte ich dann aber nur mit ruckartigen Unterbrechungen tun, weil Superb immer wieder ungeduldig an den Zügeln zerrte. Und zwar so fest, dass ich den Ruck bis in die Halswirbel spürte. Sie hatte halt gerade keine Lust, stehen zu bleiben und zu warten. Sie wollte weitergehen und machte das unmissverständlich klar. Superb ist eben ein mental sehr starkes, selbstbewusstes Pferd. Ein stärkeres hatte ich noch nie.

Wer ihren Namen nur liest, wird ihn in der fließenden englischen Version aussprechen: »Superb.« Wer mich aber sprechen hört, der weiß: Ich nenne sie lieber »Super-Bee«. Die flotte Biene. Ganz ehrlich: Die Stute hat derart viel Gehfreude und Esprit, dass sich »Superb« für mich immer ein bisschen zu fein anhörte. Sie hat viel mehr Sex-Appeal, als dieses Wort wiedergibt. Sie kann ein richtiges Weib sein und hat ihren ganz eigenen Auftritt: Super-Bee ist eine, die mit einem Hüftschwung reinkommt. Du kommst in den Stall, und das erste Pferd, das den Kopf aus der Box hält, ist sie. Sie scheint zu sagen: Hallo, hier bin ich. Wenn es keine Reaktion gibt, klopft sie erst einmal an die Boxentür und scharrt. Sie würde vor nichts zurückschrecken. Wenn wir zum Beispiel schnell einen Wassereimer holen wollen und vergessen, die Boxentür zu schließen, spaziert sie sofort nach draußen, um zu schauen, was los ist. Auch auf dem Turnier. Ein anderes Pferd würde zunächst vorsichtig abwarten. Sie nicht. Sie ist so unbedarft stark. Sehr von sich überzeugt. Nie hysterisch. Aber wenn sie etwas will, dann will sie es durchsetzen. In bestimmten Momenten kann sie ganz brav sein. Ein andermal wieder kann sie ihre Pflegerin richtig angiften, nur wenn die zum Beispiel die Decke umdecken will. Sie kann die Ohren in den Nacken legen und so tun, als ob sie beißen wollte. Oder auch wirklich zwicken. Eine launische Diva eben. Superb hat es faustdick hinter den Ohren. Mit ihr beginnt für mich noch einmal ein neues Kapitel der Pferdepsychologie.

Schon die Art, wie ich an sie gekommen bin, war spektakulär. Im Jahr 2015, als Superb drei Jahre alt war, wurde ich vom Hannoveraner Verband angerufen. Sie sagten, sie hätten ein super Pferd für mich, das auf der Verdener Eliteauktion angeboten würde. Ob ich mir das nicht ansehen wollte? Es war eigentlich ein anderes Pferd gemeint, nicht Superb. Ich sagte, ich fahre ohnehin zum Turnier nach Kiel, da komme ich ja direkt an Verden vorbei und kann einen Boxenstopp bei euch einlegen und mir das Pferd anschauen. Als ich ankam, sagte die Zuchtleiterin Janine Pagel, sie hätte da noch eine dreijährige Stute, die sie mir zeigen wollte. Die sei bislang gar nicht so richtig aus dem Schatten getreten, aber sie sei ein gutes Pferd. Guck dir die mal an. Und dann kam Superb in die Abreitehalle, sie trabte da rein mit ihrer tollen Beinfreiheit, und ich sagte: Wow! Den anderen brauche ich gar nicht mehr anzuschauen. Ich habe mein Pferd entdeckt. Den anderen habe ich mir höflicherweise noch angesehen, doch er hatte keine Chance gegen Superb.

Zwei Tage später fand die Auktion statt. Ich werde es nie vergessen: Ich saß in Kiel in einer Kneipe zusammen mit Monica Theodorescu, wir telefonierten gleichzeitig mit zwei Handys. An dem einen Handy hatten wir Madeleine, die meine Begeisterung, wie immer in solchen Fällen, mitbekommen hatte. Am anderen Handy Werner Schade, den damaligen Geschäftsführer des Hannoveraner Verbandes. Wir haben am Telefon mitgesteigert, und er gab für uns am Ort die Gebote ab. Irgendwann überschritt der Preis unsere Vorstellungen deutlich. Aber es war schon zu diesem Zeitpunkt sehr schwer geworden, gute Pferde zu kriegen, die Preise steigen aufgrund der Globalisierung des Marktes und zunehmender Nachfrage immer weiter. Madeleine sagte also: Komm, wir bieten noch mal. Ich sagte zu ihr: Das wird teuer. Sie erklärte: Wenn man ein gutes Pferd haben will, kostet es eben Geld. Komm, noch mal. Und schließlich hatten wir das Pferd. Janine hat mir die Stute nach Hause gebracht, und ich habe sie von Anfang an selbst geritten. Sie hat vom ersten Moment an nicht einen falschen Tritt gemacht – bis die gesundheitlichen Probleme begannen. Ihre Schwierigkeiten mit der Rosse. Und eine längere Odyssee des Krankenstandes.

Ich bereue es heute, dass ich sie am Anfang ihrer Laufbahn so wenig bei Turnieren eingesetzt habe. Als Auftakt habe ich sie, als sie sieben oder acht Jahre alt war, zu einem Turnier nach s'Hertogenbosch mitgenommen. Ich bin im Rahmen des Showprogramms geritten und habe das für das Publikum ein bisschen kommentiert. Superb hat dabei großen Eindruck gemacht. Sie war ausgesprochen cool, obwohl sie eine solche Situation noch nie erlebt hatte. Das ganze Drumherum des Turniers hat sie gar nicht interessiert. Aus dieser Erfahrung schloss ich, dass es gar nicht nötig wäre, viele Turniere zu reiten, um Erfahrungen zu sammeln, sondern dass ich sie besser für die großen Aufgaben schonen sollte. Dazu kam, dass es durch die Corona-Zeit eine lange Turnierpause gab. So hatte sie am Ende zu wenig Erfahrung gesammelt, bis es in die schwerste Klasse, den Grand Prix, ging. Und da merkte ich, dass meine Idee falsch gewesen war. Sie fiel mir auf die Füße. Superb hielt ein bisschen die Luft an. Das ganze Erfahrungsmanagement, das man bei den frühen Turnierstarts sammeln kann, war nicht da. Es wurde schwer für sie und für mich, und wir erlebten ein Hoch und Runter. Mal eine Prüfung, die super war, wie ihren allerersten Grand Prix in Ankum, wo sie die Spitzennote von fast 80 Prozentpunkten erhielt – und die Richter zu mir kamen und sagten, wir hätten nicht einen Punkt geschenkt bekommen. Dann wieder ganz schlecht.

Ich habe mir eingestehen müssen, dass Schonen schön und gut ist, Erfahrung aber besser. Bei den Turnierauftritten lernen ja beide. Das Pferd gewöhnt sich an die Umstände, und ich erfahre, wie es sich dort verhält. Wie reagiert es wo? Wo fängt es an, nervös zu werden? Jedes Pferd ist anders. Mir fiel bei dieser Gelegenheit wieder einmal ein Spruch des Doktors ein: Einige Basisturniere muss man bestreiten, damit man sich nicht später, wenn es wichtig wird, mit den Grundlagen beschäftigen muss. Etwa mit Einreiten-Halten-Grüßen. Oder mit den normalen Linien. Weil das Pferd das schon kennt und sich das automatisiert.

Zum Glück ist Superb kein Pferd, das sich von der Atmosphäre schnell irritieren oder sich Angst einjagen lässt. Aber eine andere Schwierigkeit kam hinzu: Superb hatte zu Beginn große Probleme mit der Rosse. Auf menschliche Wesen übersetzt also: starke Menstruationsstörungen. Eine Stute, die damit solche Schwierigkeiten hatte, war ich vorher noch nie geritten. Bei Bella Rose zum Beispiel merkte ich die Rosse beim Reiten gar nicht. Doch Superb wollte in solchen Phasen die reiterlichen Hilfen nicht mehr zulassen. Sie wurde – wie wir Reiter das nennen – ein bisschen klebrig am Bein, reagierte also nicht auf die Schenkelhilfen. Also habe ich diese intensiviert, wodurch sie noch widerwilliger wurde. Ich versuchte zu reiten – sie reagierte nicht. Das Problem war auch: Sie hatte eine Zeit lang keinen regelmäßigen Zyklus, sie hat ganz unregelmäßig gerosst statt alle drei Wochen, wie das bei Stuten normal ist. Es war ein hormonelles Problem. Darum war sie immer wieder so unzufrieden und verhielt sich ein bisschen wie manche Frauen, wenn sie ihre Tage und dadurch die unterschiedlichsten Beschwerden haben.

Hätten wir zu jener Zeit schon mehr gemeinsame Turniererfahrung gehabt, wäre mir das Problem früher bewusst geworden, und wir hätten früher gelernt, damit umzugehen. Wenn man zu Hause reitet, muss man ja nicht unbedingt zu einem bestimmten Zeitpunkt eine Passage oder Pirouette reiten. Und wenn man merkt, heute ist die Stute nicht gut drauf, lässt man es eben. So wurde das Problem erst später offenbar, als die Turniere kamen. Heute überwachen wir mit tierärztlicher Hilfe dieses Phänomen genau. Und Superb ist hormonell ins Gleichgewicht gekommen. Im Winter spielt es weniger eine Rolle, da Stuten in diesen Monaten kaum in die Rosse kommen.

Dann ging Superb plötzlich lahm. Wie es gekommen ist, weiß ich nicht. Ich habe sie im Juni 2022 beim CHIO in Aachen geritten, doch auf die zweite Prüfung verzichtet, weil ich merkte, irgendetwas stimmt nicht mit ihr. Sie war tatsächlich nicht in Ordnung. Wodurch? Vielleicht hat sie sich versprungen, vielleicht gab es einen anderen Grund. Sie wird manchmal auf dem Transporter unruhig, scharrt oft, vielleicht hat sie mit dem Bein irgendwo dagegengeschlagen. Wie sagt man so schön? Man steckt ja nicht drin.

Natürlich wurde sie sofort tierärztlich untersucht, es wurden Diagnosen gestellt, und sie wurde behandelt – doch es stellte sich kein Behandlungserfolg ein. Während der Therapie wurde sie nur im Schritt geführt. Und durch die Schonung wurde es besser. Sie war wieder lahmfrei. Kaum hatte ich sie antrainiert, ging das Problem allerdings von vorne los. Meine Erfahrung sagte mir, dass bei den bisherigen Diagnosen noch keine dabei gewesen sein konnte, nach der wir das Problem hätten nachhaltig beseitigen können. Wir hatten keine Ahnung, wie lange das so weitergehen würde und ob sie überhaupt in den Sport würde zurückkehren können. Schließlich empfahl ein renommierter Fachmann mir den Belgier Leo de Backer, einen außergewöhnlich erfahrenen Tierarzt. Er ging völlig unvoreingenommen an die Aufgabe heran und fand die Ursache sehr schnell. Superb wurde noch zwei Mal behandelt – und war wieder gesund. Seit ihrer Genesung hat sie nicht wieder gelahmt. Toi, toi, toi!

Durch die Verletzung verloren wir mehr als ein Jahr. Im Sommer 2023 habe ich sie wieder antrainiert. Anfang Oktober bin ich in Troisdorf das erste Turnier mit ihr geritten. Das geriet natürlich noch recht wackelig, denn sie musste noch viel mehr Kraft entwickeln. Den Grand Prix haben wir zwar gewonnen, und ich war recht zufrieden, im Grand Prix Special jedoch wusste sie mangels Erfahrung gar nicht richtig, was sie machen sollte. Und ich war selbst ziemlich angespannt, weil ich nicht wusste, wie sie reagieren würde. Aber sie hat dieses Turnier super überstanden, und ich entschloss mich, mit ihr in der Hanns-Martin-Schleyer-Halle in Stuttgart anzutreten. Das war erst ihr zweites Hallenturnier überhaupt, obwohl sie nun elf Jahre alt war. Weihegold und ebenfalls Bella Rose hatten in diesem Alter bereits jede Menge Erfahrung. Weihegold hatte wahrscheinlich schon fünfzig Turniere bestritten. Superb aber stand erst am Anfang. Ich war selbst gespannt, was passieren würde, denn eine Halle wie diese kannte Superb nicht. Hinter unserem großen Auftritt stand also ein großes Fragezeichen. Und die Umstände waren auch für dieses Turnier außergewöhnlich. Am ersten Tag, zum Grand Prix, mussten wir um 7:30 Uhr als erstes Paar starten. Und beim Grand Prix Special am Sonntagvormittag waren die Ränge drei Viertel voll. Das ist schon eine einschüchternde Kulisse in dieser großen Halle.

Ich war wieder einmal sehr froh über meine Zusammenarbeit mit Götz Brinkmann, meinem Heim- und Turniertrainer, der auch die Arbeit der Bundestrainerin unterstützt. Gerade weil ich mit Superb noch nicht so viel Erfahrung habe. Immer wieder ergeben sich Fragen, die ich von oben nicht beantworten kann: Ist die Anlehnung gut? Zu hoch? Zu tief? Zu spitz? Er gibt mir von der Seite die Sicherheit, die ich brauche. Eigentlich ist er der Trainer meiner Schülerin Lisa Müller, die selbst auf die Idee gekommen war, dass er auch mir helfen könnte. Es ist gut, dass er jetzt an meiner Seite ist.

Die Erkenntnisse aus den Stuttgarter Erfahrungen waren mehr als erfreulich: Superb meisterte die neuen Herausforderungen mit einer Übersicht, die mir große Hoffnung gab. Für mich bestätigten sich nach einer schwierigen Zwischenphase all die Vorstellungen, die ich am Anfang unserer Partnerschaft gehabt hatte. Besonders schön ist, dass ich damals in Stuttgart alle vier Dressurprüfungen gewonnen habe. Zwei mit Superb – und die beiden Weltcupprüfungen mit dem siebzehn Jahre alten Emilio, der seiner Verabschiedung entgegensah. Es war also ein gelebter Generationswechsel.

Fazit: Wer eine Diva wie Superb im Stall hat, der sollte ihr Respekt abverlangen, aber gleichzeitig das Gefühl vermitteln, dass sie ihren Willen bekommt. Dazu muss er souverän ihre Attitüden führen.

JOSHUA
der Gigant

Ganz ehrlich: Ich hätte mir nie vorstellen können, dass ich jemals wieder ein Pferd finden würde, das mich so sehr fasziniert wie Bella Rose. Ich dachte, solch ein Glück hat man höchstens einmal im Leben. Aber man sollte niemals nie sagen: Es kam anders. Joshua trat in mein Leben.

Anfang des Jahres 2020 bin ich mit Lisa Müller, der Frau des Fußballers Thomas Müller, nach Dänemark gefahren, um ein Pferd für sie zu finden. Thomas ist passionierter Züchter und Lisa vor allem passionierte Dressurreiterin. Ich trainiere und berate sie – zusammen mit Götz Brinkmann, der mittlerweile auch mir regelmäßig über die Schulter schaut. Was sie wollte, war ein Pferd, das auf dem Weg zum Grand Prix schon weit entwickelt war. Andreas Helgstrand, der einen großen Ausbildungs- und Verkaufsstall im Dressurbereich betreibt, ließ uns eine ganze Auswahl an jungen Pferden vorführen, alles Mögliche, von jung bis fortgeschritten. Aber Lisa sagte immer wieder Nein. Es war nichts dabei, was in der Ausbildung weit genug fortgeschritten war und ihren Vorstellungen entsprach. Das galt auch für das nächste junge Pferd.

Joshua kam rein – und ich blieb wie angewurzelt stehen. Ich war wie elektrisiert. Als ich mich wieder gefasst hatte, fragte ich Andreas, ob ich mich auf Joshua draufsetzen dürfte, und das durfte ich. Es fühlte sich unglaublich an. Genial. So eine große Bewegung wie bei ihm hatte ich bislang nicht erlebt.

Also fing ich an, mit Andreas über den Preis zu verhandeln, und wir wurden uns schnell einig. Es lief alles wie am Schnürchen. Wir haben ihn klinisch untersuchen lassen – und alles war gebongt. Das Jahr 2020, das uns die Corona-Pandemie brachte, war ja keineswegs ein gutes Jahr. Für uns Reiterinnen und Reiter fielen monatelang die Turniere aus, und die Olympischen Spiele in Tokio mussten um ein Jahr verschoben werden. Aber dieses Jahr hat mir eben auch Joshua beschert.

Joshuas Bewegungen sind wirklich der Wahnsinn. Seine Größe ist noch einmal etwas Besonderes – 1,85 Meter Stockmaß, also am höchsten Punkt des Widerrists gemessen. Und seine Bewegungen sind entsprechend großrahmig, wobei er gleichzeitig eine außergewöhnliche Elastizität mitbringt. Selbst im Verhältnis zu seiner ungewöhnlichen Größe sind seine Bewegungen überdimensional, und das hat mich am Anfang vor große Herausforderungen gestellt. Dieser Trab, dieser Galopp sind wirklich ganz gewaltig. Sechzig Meter, die lange Seite des Prüfungsvierecks, sind nichts für ihn. Und ich habe mich mitunter gefragt, ob ich diesem Phänomen gewachsen sein würde. Aber eigentlich war es keine Frage: Ich war begeistert vom ersten Moment an und wusste: Das muss mein Pferd werden. Und ich war mit meiner Faszination nicht allein. Jedem, der dieses Pferd bei mir zu Hause gesehen hat, sind ein bisschen die Augen aus dem Kopf gefallen. Ein Pferd mit einem solch riesigen Potenzial hatte ich noch nie.

Bei all seiner Wucht und Gehfreude ist Joshua keineswegs ungestüm. Er ist ein ganz feiner Kerl, ich könnte auch sagen, er ist ein richtiges Herzchen. Er schaut nicht nach links und rechts und hat vor nichts Angst. Joshua geht überallhin, voller Selbstvertrauen. Gleichzeitig ist er lieb und zartfühlend. Es ist wie bei manchen groß gewachsenen Menschen, die besonders gutmütig und zart besaitet sein können und gleichzeitig Stärke ausstrahlen. Sogar etwas Monumentales. Eine Urgewalt.

Dieses Pferd hat mein ganzes Herz, und er braucht es auch,

denn ich darf nichts falsch machen, damit ich ihn optimal präsentieren und mir seine Stärken voll erhalten kann. Mittlerweile ist das Vertrauen da, wie man zum Beispiel auf dem Cover dieses Buches erkennen kann. Er war bei den Aufnahmen sehr brav und anstellig und hat sofort alles richtig gemacht. Das Vertrauen ist genauso gewachsen wie das Selbstbewusstsein – bei uns beiden. Die Chemie stimmt, er weiß inzwischen, dass ich ihn liebe. Dass er mein Schätzchen ist. Joshi ist ein echtes Geschenk in dieser späten Phase meiner Karriere. Es ist ein unglaubliches Gefühl, auf solch einem Riesenfeuerstuhl zu sitzen. Im starken Trab – da denke ich, es geht nicht besser. Unbeschreiblich. Selbst mir bleibt manchmal vor Staunen der Mund offen stehen. Ich kann nur hoffen, dass er gesund bleibt. Dann gibt dieser Riese mir Anlass zu riesigen Erwartungen.

Und übrigens: Ich habe keinerlei Gewissensbisse wegen Bella Rose. Er ist genauso mein Herzenspferd wie sie, und er macht ihr keine Konkurrenz. Während ich ihn trainierte, stand Bella nicht weit davon entfernt auf der Weide und hatte einen dicken Bauch. Jetzt hat sie ihr Fohlen. Ihre Ära unter dem Sattel ist vorüber, und sie ist in eine neue Lebensphase eingetreten. Ich stelle mir vor: Sie hat den Stab an ihn weitergegeben. Ob er seine Arbeit irgendwann so gut machen wird wie sie, wird sich zeigen. Grundsätzlich brachte selbst Bella nicht das Potenzial mit, das Joshua verspricht. Sie hatte diese ganz besondere, grazile Art des Ablaufs, das Talent für Piaffe und Passage, die mich fasziniert haben. Sie hatte allerdings nicht diese Trabverstärkung. Nicht dieses Gewaltige, Kraftvolle. Joshi hat noch einmal eine andere Dimension.

Ich wusste es sofort: Das erste Jahr mit Joshi würde das schwierigste werden. Ich musste einen Weg finden, diese Bewegungen auf eine Weise zu kultivieren, dass er zudem die Lektionen der höchsten Versammlung bewältigen könnte, Piaffe, Passage und Pirouette, also Bewegungen auf kleinstem

Raum. Am Anfang gab es jedoch nur eine Richtung: Alles großzügig nach vorne. Trab nach vorne, Galopp nach vorne. Der Schritt war von Anfang an sehr gut, hat sich aber durch die Gelassenheit, die er inzwischen entwickelt hat, auch weiter verbessert. Die größte Herausforderung, vor der ich stand, war es, dieses große Pferd zu einer Einheit zu bringen. Ihn so zu trainieren, dass sein ganzer Körper mit den Aufgaben, die der Grand Prix erfordert, würde umgehen können.

Das erste halbe oder Dreivierteljahr mit Joshua war eine einzige Gratwanderung – zwischen seinem Drang, stets nach vorne zu wollen, und meinem Bemühen, das alles behutsam zu verkleinern. Und das, ohne dass er verstimmt war, weil er mehr wollte, als ich zuließ. Er war und ist unglaublich engagiert, was mir in der Phase des Zusammenwachsens viel Feingefühl abverlangte. Als ich ihn noch nicht so gut kannte, wusste ich ja nicht verlässlich, wie er reagieren würde. Ich wusste nicht, ob er das alles so freundlich hinnimmt, wie ich mir das wünsche. Aber er wollte immer alles geben. Es gab keinen Streit zwischen uns, eher ein vorsichtiges gegenseitiges Abtasten. Wir ritten Tausende von Übergängen: vom Trab in den Galopp, vom Trab in den Schritt. Trab-Schritt war eine richtige Herausforderung für ihn, weil er aus seinem Riesentrab gar nicht so leicht in die langsamere Gangart herunterkommen konnte. Am Anfang misslang das regelmäßig, weil er den Übergang zu abrupt machte. Er brach ab, weil sein Körper es nicht mitgemacht hat. Wenn ich ihn aus so einem Riesentrab kleiner werden lassen wollte, musste ich ganz behutsam vorgehen, denn er musste erst lernen, seine eigene Wucht mit dem Körper aufzufangen. Es wurde dann immer besser. Je mehr er lernte, mit seinem eigenen Körper zurechtzukommen, desto besser klappten die Übergänge.

Ich brauchte aber meine ganze Erfahrung. Ich wusste, ich musste seine Fähigkeiten wachsen lassen, und durfte nicht sagen: Stopp jetzt, brrrr. Ich habe durchweg versucht, an die Grenzen heranzugehen, die Grenze allerdings nicht zu überschreiten. Gerade wenn es um die Versammlung ging. Wenn ich am Anfang eine Übung einen Moment zu lange versucht habe, machte er auf einmal einen Spin, weil sein Körper die Anforderung nicht halten konnte. Ich musste also immer wieder sagen: So. Bis hierher sind wir heute gekommen, und jetzt müssen wir sehen, wie wir uns von hier aus langsam weiterentwickeln. Schritt für Schritt setzten wir das Mosaik zusammen: Er musste die Kraft entwickeln und Vertrauen in seinen eigenen Körper finden. Wegkommen vom Spektakulären, diesen großen Tritten in die Luft. So etwas sehen Verkäufer – und natürlich auch die Käufer – bei Pferden zunächst gern. Sie sagen zwar alle, lass erst einmal alles ganz entspannt ablaufen, aber jeder schaut auf spektakuläre Bewegungen. Doch danach beginnt erst die eigentliche Arbeit, denn man muss runter vom Limit, die Bewegungen kleiner bekommen, und das, obwohl Ehrgeiz und Potenzial anders gepolt sind.

Ich habe ja am Beispiel von Satchmo gelernt, in welche Schwierigkeiten man sich manövrieren kann in dem Moment, wenn es an die Grenzen geht. Wenn ein Pferd einen großen Vorwärtsdrang hat und aufgrund seiner Psyche den Weg nicht mehr mitgehen kann. Also hatte unsere Zusammenarbeit immer ein gewisses abwartendes Moment. Gleichzeitig musste ich meine eigene Begeisterung im Zaum halten. Wow – wenn dieses Pferd in die Traversalen geht! Und es gab nichts Schöneres, als zu erleben, wie er anfing, in seinen Körper hineinzupassagieren und -piaffieren. Das ging am Anfang gar nicht: dass er diesen großen, langen Trab in die erhabene Passage bringt. Und als er diese Schwierigkeit schließlich zu beherrschen begann – diese Erfahrung war für mich im Sattel einfach unvergleichlich.

Im Jahr 2022, als Joshua noch kaum in der Öffentlichkeit zu sehen gewesen war, haben wir mit ihm ein Werbevideo gedreht für meinen Sponsor Bates, der Sättel herstellt. Es ist so gut geworden, dass ich anschließend Madeleine einen Zusammenschnitt zu Weihnachten geschenkt habe. Es war verblüffend: Dieses Pferd kam in die Halle, da standen die ganzen Menschen, da leuchteten all die Scheinwerfer, er schnaufte und war sehr heiß – aber er hat keinen einzigen falschen Tritt gemacht. Die Leute vom Team – alles Pferdekenner – waren baff. Einer sagte, er hätte so etwas bislang nie erlebt. Ein derart spektakuläres Pferd in dieser Atmosphäre, diesem Dampf und diesem Licht. Wir waren alle fasziniert, auch ich, und sagten: Das gibt es doch gar nicht. Das war für mich die Bestätigung, dass er nicht nur mich fasziniert, sondern andere Leute ebenfalls. Er ist, wie gesagt, ganz anders als Bella. Und zugleich eine Bella in anderer Form. Sie kam rein, und jeder hat immer auf dieses Pferd geschaut. Sie hat die Blicke förmlich auf sich gezogen. Und ebenso ist Joshua. Mit seinem gigantischen Ablauf. Und noch dazu ist er schwarz, oder schwarzbraun, die Farbe, die heutzutage im Viereck den meisten Eindruck macht. Dieses Klischee erfüllt er also auch.

Ein groß dimensioniertes Pferd wie Joshua ist, was Verletzungen betrifft, ein bisschen gefährdeter als ein kleines, drahtiges Tier. Das ist bei Menschen oft nicht anders. Ich hoffe jedoch, dass ich dieses Risiko mithilfe meiner ganzen Erfahrung im Griff behalten kann. Man ist nie davor gefeit, dass ein Pferd unglücklich ausrutscht und hinfällt, das ist dann Schicksal. Aber ich werde ihn so wenig wie möglich strapazieren. Er hat die einzelnen Lektionen schnell gelernt, und seit er sie alle grundsätzlich beherrscht, braucht er sie nicht mehr zu üben. Am längsten hat dieser Lernprozess bei den fliegenden Galoppwechseln von Sprung zu Sprung gedauert, weil er da seinen riesigen Galoppsprung unter Kontrolle bringen musste. Es gelangen uns mal fünf, mal zehn, mal fünfzehn, mal sieben – und im Grand Prix werden fünfzehn verlangt. Doch je besser er mit seinem Körper umgehen kann, desto besser beherrscht er seine Aufgaben und muss sie nicht mehr im Training wiederholen. Starken Trab und starken Galopp musste ich von Anfang an nicht üben. Oder Traversalen, die konnte er schnell aus dem Stegreif. Das heißt, ich kann das Training sehr schonend gestalten.

Joshua ist sicherlich ein gutes Beispiel für den modernen Stand der Dressurpferdezucht – er stammt aus den Niederlanden. Die Fortschritte sind natürlich – und auch die Grenzen ergeben sich aus der Natur. Wir züchten ja nicht mit Klonen, mit irgendwelchen genetischen Effekten, sondern mit dem, was existiert. Natürlich ergibt sich immer einmal die Frage, wohin die Leistungszucht noch führen kann. Gibt es ein Ende der Fahnenstange? Wenn ja, wo ist das? Kann sich die

Zucht überhaupt noch weiterentwickeln? Ich glaube, ein Teil der Fortschritte in der Pferdequalität lässt sich damit erklären, dass hochtalentierte Stuten, die sich im Sport bewähren, mithilfe der Embryo-Transfers gleichzeitig ihre Gene weitergeben können. Das beste Beispiel ist Weihegold, die hervorragende Nachkommen hat. Dazu kommt, dass sich immer mehr Zuchthengste parallel zu ihren Deckeinsätzen im Sport beweisen müssen. Diese Praxis zahlt sich in besseren Zuchtergebnissen aus.

Joshuas Vater ist Sezuan, ein Hengst, der unter Dorothee Schneider im Sport gegangen ist. Er war dreimaliger Weltmeister der jungen Pferde. Er ist zwar nicht perfekt, er ist zum Beispiel nicht der Hübscheste. In der Kombination mit Joshuas Mutter kamen jedoch nur Sezuans Tugenden zum Tragen. Der Mutterstamm ist von entscheidender Bedeutung. Flieka stammt von dem Hengst Voice ab, einem Pferd, das der Niederländer Edward Gal lange im Sport vorgestellt hat. Hier hat die Kombination ideal gepasst. Im Übrigen hat Sezuan eine ganze Reihe sehr guter Nachkommen hervorgebracht. Ich sage nur: Wendy. Und So Unique.

Normalerweise kann man solch ein Zuchtergebnis nicht einfach vorausberechnen. Aber erfahrene Züchter wie zum Beispiel Weihegolds Besitzerin Christine Arns-Krogmann machen eine echte Wissenschaft daraus, und weil sie sich sehr viele Gedanken um Konstellationen machen, geht ihre Rechnung häufig auf. Solche Leute studieren auch anhand früheren Nachwuchses, welche Eigenschaften ein Hengst besonders oft vererbt und welche weniger. Auf diese Weise bringen sie die Zucht immer wieder voran. Und haben dafür gesorgt, dass es meinen Joshua gibt. Diesen lieben Kerl. Dieses gigantische Ereignis.

Fazit: Wer einen Giganten wie Joshua erleben darf, braucht Feingefühl und Geduld – und wird reich beschenkt werden.

Wie dieses Buch entstand
Nachwort von Evi Simeoni

An Dienstagabenden halte ich jetzt manchmal einen Moment inne und denke: Ach, wie schade, dass nicht mehr das Telefon klingelt und Isabell dran ist. Dienstagabend, 18 Uhr – das war oft unser Gesprächstermin, schon bei der Entstehung unseres ersten gemeinsamen Buches *Vier Beine tragen meine Seele*. Und jetzt wieder für *Was für ein Mensch ist mein Pferd?*. Gelegentlich wurde auch Mittwoch um 19 Uhr daraus, aber ganz ausgefallen ist kaum eine Verabredung. Ich habe mich jedes Mal sehr auf unsere Gespräche gefreut, und Isabell hat mir glaubhaft versichert, dass es ihr genauso ging. Auch wenn sie die Termine stets in ihre übervollen Tage hineinquetschen musste. Immer mit einem leicht schlechten Gewissen, weil sie wusste, dass ihr Lebenspartner Wolfgang Urban und ihr Sohn Frederik am liebsten selbst Anspruch auf ihre kostbare Zeit erhoben hätten. Das blieb mir nicht verborgen. Also an dieser Stelle: Vielen Dank den beiden für ihren Langmut!

Isabells Beziehung zu ihren Pferden hat mich seit jeher fasziniert – und bei der jüngsten Europameisterschaft 2023 in Riesenbeck hat diese Faszination weiter zugenommen. Ich stand an jenem heißen Spätsommertag unter einem Baum am Rand eines Trainingsplatzes und beobachtete, wie sie ihr Pferd Quantaz auf die Kür vorbereitete. Ich hatte das nie zuvor gesehen: wie sie mit ihrem Pferd die ganze lange Kür-Aufgabe mit all den Höchstschwierigkeiten noch einmal komplett durchging. Und das von Anfang bis zum Ende im Schritt. Es ging unendlich langsam, und sie kontrollierte jeden einzelnen Tritt von Quantaz, der ihren Aufforderungen umstandslos folgte. Die Szene fand in solch intensiver Konzentration statt, Isabell und Quantaz waren so tief miteinander verschmolzen, dass eine ganz besondere Atmosphäre um sie herum entstand. Es wurde still, flanierende Zuschauer beendeten ihre Gespräche und blieben stehen, und ich schaute unter meinem Baum fast schon andächtig zu. Es war wie eine Meditation. Und man bekam beim Zuschauen einen bildlichen Eindruck davon, was das bedeutet, wenn Reiter und Pferd in vollkommenem Einklang sind. Ich stellte mir vor, was für ein Seelenbad ein solches Training für die beiden wohl sein mochte – wenn man so vollkommen in der eigenen Konzentration versinken kann.

Bei jedem Gespräch hat sie mich in ihren Bann gezogen. Jedes einzelne war ein faszinierender Ausflug in ihre Welt, ihr Leben, ihren Werdegang – und ein erhellender Blick auf die Einsichten und Erkenntnisse, die sie daraus gewonnen hat. Für sie ist das alles ganz selbstverständlich. Für mich war es jedes Mal ein Abenteuer. Und ein Privileg. Isabell ausführlich über ihre Pferde ausfragen zu dürfen ist ja so ähnlich, als könnte man mit Paul Bocuse – wenn er noch lebte – nach Herzenslust über das Kochen oder mit Martha Argerich über das Klavierspielen sprechen, und sie würden die Fragerei niemals leid.

Für unsere Leser wird es hoffentlich eine ähnliche Abfolge von Aha-Erlebnissen sein wie für mich. Ich glaube, wer kein Reiter ist, kann sich hier allein durch das Lesen wie einer fühlen – zumindest in der Theorie. Und wer reitet, ein besonderes Pferd liebt oder vielleicht sogar selbst ein Pferd hat, der wird es, so steht zu hoffen, an irgendeiner Stelle in seinen Grundzügen wiederfinden. Natürlich sind Isabells Pferde extreme Charaktere, weit jenseits des Durchschnitts, wie alle

Leistungssportler. Ein Amateurreiter würde wohl schnell in Schwierigkeiten kommen bei so viel Ehrgeiz, Leistungswillen und Empfindlichkeit. Doch egal auf welchem Niveau jemand reitet: Von Isabell kann er lernen, seinem Pferd bis ins Herz zu schauen. Und es zu nehmen, wie es ist.

Ich kann nur schätzen, wie viele intensive, lange Gespräche wir über die Jahrzehnte miteinander geführt haben. Vielleicht siebzig? Oder achtzig? Oft, wie gesagt, am Telefon, aber die wichtigsten natürlich stets von Angesicht zu Angesicht. Zu entspanntem Geplauder kam es dabei zuweilen auch, aber nur selten, denn die Gespräche dienten meistens einem bestimmten Ziel, ob nun einem Zeitungsinterview oder einem neuen Buchkapitel, und wir mussten uns in Disziplin üben. Trotzdem lernten wir uns dabei immer besser kennen. Ein Stück weit sind wir zusammengewachsen. Für mich war das eine enorme Bereicherung und Inspiration.

Isabells Expertise in allem, was Pferde angeht, ist überwältigend. Sie ist die erfolgreichste Reiterin der Welt, der Maßstab der Spitzenklasse, und das kommt nicht von ungefähr. Sie ist als Dressurreiterin und auch als Ausbilderin einzigartig. Niemand sonst hat so viele unterschiedliche Pferde in den großen Sport gebracht wie sie. Mit einem Dutzend verschiedener Pferde hat sie bisher an den großen internationalen Titelkämpfen teilgenommen. Mir fiel dabei die Rolle der Beobachterin zu.

Was für ein Wunder es ist, dass dieses Buch überhaupt entstehen konnte, obwohl Isabell eigentlich durchweg überlastet ist! Es ist uns aber gelungen, eine effektive Arbeitsmethode zu entwickeln. Die meisten unserer langen Gespräche zwischen Herbst 2022 und Winter 2023 waren jeweils einem Pferd gewidmet. Oft wurden mehrere Termine nötig, zum Beispiel bei Bella Rose oder Weihegold, schon um ihrer Bedeutung gerecht zu werden. Ich stellte immer wieder Fragen, gab Stichworte und versuchte, einen thematischen Faden zu entwickeln. Doch ich musste Isabell nicht wirklich zum Sprechen bringen. Wenn es um Pferde geht, sprudelt sie nur so und gibt in fröhlichem Ton liebevolle Einblicke in alle möglichen Pferdeseelen. Und das, ohne recht zu bemerken, wie ungewöhnlich es ist, dass sie derart tief in diese Tiere hineinschauen kann. Ich habe die Gespräche aufgezeichnet und anschließend niedergeschrieben. Dann habe ich sie, wo nötig, neu geordnet, um den roten Faden der einzelnen Kapitel herauszuarbeiten, und hin und wieder die Unebenheiten der gesprochenen Sprache geglättet. Und natürlich Abschweifungen und Wiederholungen gekürzt, die meistens auf mein Nachfragekonto gingen, weil ich beim ersten Mal noch nicht verstanden hatte, worum es ihr genau ging.

Das Buch besteht also bis auf dieses Nachwort im Grunde komplett aus dem Originalton Isabells. Als alles bearbeitet war, habe ich ihr die Texte vorgelesen. Mitunter in einem abgezwackten Stündchen während einem ihrer Turniere. Etwa auf einem Bänkchen vor einem Stall voller Pferde, die neugierig aus dem Fenster schauten. Oder auf zwei Stühlen im Grünen mit Blick auf ein paar Geländehindernisse. Wenn sie mit einer Textstelle nicht zufrieden war, hat sie eingegriffen, und wir haben gemeinsam Änderungen entwickelt. Das war natürlich mühsam, aber es hat Spaß gemacht. Stundenlang arbeiteten wir hochkonzentriert zusammen, und nach etlichen Autorisierungsprozessen waren wir total erschöpft. Und hochzufrieden.

Ein bisschen ungläubig schaue ich zurück auf die vielen Jahre, die wir uns nun schon kennen. Im Jahr 1989 haben wir uns zum ersten Mal gesehen. Und zwei Jahre später, bei den Europameisterschaften in Donaueschingen, haben wir unser erstes Gespräch geführt. Meine Güte! Sie war zwanzig Jahre alt damals. Und ich ebenfalls noch recht jung. Ich hatte das Glück, sie als Reporterin der *Frankfurter Allgemeinen Zeitung* zu allen wichtigen Titelkämpfen zu begleiten, und so habe ich

eine lückenlose Bildersammlung von ihren großen Erfolgen im Kopf – und zudem viele Erinnerungen an die Zeiten, in denen sie sich nach Rückschlägen wieder an die Spitze zurückkämpfen musste.

Ich habe ihre Höhen und Tiefen in Zeitungsartikeln beschrieben, natürlich stets mit der gebotenen journalistischen Distanz. Unser erstes Buch ist deshalb noch in der Form eines Dialogs geschrieben. Nun habe ich mein Reporterleben in der Welt des Pferdesports weitgehend beendet. Das war mit ein bisschen Wehmut verbunden, aber auch mit der Möglichkeit, mich mit diesem Buch auf eine neue Perspektive einzulassen: die Identifikation mit dem eigentlichen Erzähler. Die geliehene Ichform. Eine sonderbare, jedoch eine gute Erfahrung – solange der Inhalt stimmt.

Im Übrigen: Der Titel *Was für ein Mensch ist mein Pferd?*

stand schon sehr früh fest. Aber erst spät wurde uns bewusst, dass uns im Gegenzug leicht einmal jemand fragen könnte: »Und was für ein Pferd bist du?« Isabell hat diese Frage bereits im Vorwort beantwortet, und ich, als ihr kongeniales Sprachrohr, will es nun auch tun, am Schluss und in aller Bescheidenheit: Wenn ich ein Pferd wäre, dann eines, das, wie man das in der Welt der Reiter so schön sagt, lesen und schreiben kann.

Isabell Werths wichtigste Medaillen

Olympische Spiele:

1992 in Barcelona:
Gold Mannschaft
Silber Einzel
mit GIGOLO

1996 in Atlanta:
Gold Mannschaft
Gold Einzel
mit GIGOLO

2000 in Sydney:
Gold Mannschaft
Silber Einzel
mit GIGOLO

2008 in Hongkong:
Gold Mannschaft
Silber Einzel
mit SATCHMO

2016 in Rio de Janeiro:
Gold Mannschaft
Silber Einzel
mit WEIHEGOLD

2021 in Tokio
Gold Mannschaft
Silber Einzel
mit BELLA ROSE

2024 in Paris
Gold Mannschaft
Silber Einzel
mit WENDY

Weltmeisterschaften:

1994 in Den Haag:
Gold Mannschaft
Gold im Grand Prix Special
mit GIGOLO

1998 in Rom:
Gold Mannschaft
Gold Einzel
mit GIGOLO

2006 in Aachen:
Gold Mannschaft
Gold im Grand Prix Special
Bronze in der Kür
mit SATCHMO

2010 in Kentucky:
Bronze Mannschaft
mit WARUM NICHT

2014 in Caen:
Gold Mannschaft
mit BELLA ROSE

2018 in Tryon:
Gold Mannschaft
Gold im Grand Prix Special
mit BELLA ROSE

Europameisterschaften:

1989 in Mondorf:
Gold Mannschaft
mit WEINGART

1991 in Donaueschingen:
Gold Mannschaft
Gold im Grand Prix Special
mit GIGOLO

1993 in Lipica:
Gold Mannschaft
Gold im Grand Prix Special
mit GIGOLO

1995 in Mondorf:
Gold Mannschaft
Gold Einzel
mit GIGOLO

1997 in Verden:
Gold Mannschaft
Gold Einzel
mit GIGOLO

1999 in Arnheim:
Gold Mannschaft
mit ANTONY

2001 in Verden:
Gold Mannschaft
mit ANTONY

2003 in Hickstead
Gold Mannschaft
mit SATCHMO

2005 in La Mandria:
Silber Mannschaft
Gold im Grand Prix Special
Silber in der Kür
mit SATCHMO

2011 in Rotterdam:
Silber Mannschaft
mit EL SANTO

2013 in Herning:
Gold Mannschaft
mit DON JOHNSON

2015 in Aachen:
Bronze Mannschaft
mit DON JOHNSON

2017 in Göteborg:
Gold Mannschaft
Gold im Grand Prix Special
Gold in der Kür
mit WEIHEGOLD

2019 in Rotterdam:
Gold Mannschaft
Gold im Grand Prix Special
Gold in der Kür
mit BELLA ROSE

2021 in Hagen:
Gold Mannschaft
Silber im Grand Prix Special
mit WEIHEGOLD

2023 in Riesenbeck:
Silber Mannschaft
mit QUANTAZ

Die Abstammungen der Pferde

Weingart – Hannover, Fuchswallach
Vater Windhuk, Muttervater Grande
Geboren 1976, gestorben 1991

Gigolo – Hannover, Dunkelfuchswallach
Vater Graditz, Muttervater Busoni xx (Vollblut)
Geboren 1983, gestorben 2009

Amaretto – Westfalen, brauner Wallach
Vater Argentinus, Muttervater Ehrenfried
Geboren 1986, gestorben 1999

Antony – Hannover, dunkelbrauner Wallach
Vater Argument, Muttervater Wenzel I
Geboren 1986, gestorben 2013

Satchmo – Hannover, brauner Wallach
Vater Sao Paulo, Muttervater Legat
Geboren 1994, gestorben 2022

Warum nicht – Hannover, Fuchswallach
Vater Weltmeyer, Muttervater Wenzel I
Geboren 1996, gestorben 2015

El Santo – Rheinland, brauner Wallach
Vater Ehrentusch, Muttervater Rhythmus
Geboren 2001

Don Johnson – Hannover, brauner Wallach
Vater Frederico, Muttervater Warkant
Geboren 2001

Emilio – Westfalen, brauner Wallach
Vater Ehrenpreis, Muttervater Cacir
Geboren 2006

Weihegold – Oldenburg, Rappstute
Vater Don Schufro, Muttervater Sandro Hit
Geboren 2005

Bella Rose – Westfalen, Fuchsstute
Vater Belissimo, Muttervater Cacir
Geboren 2004

Belantis – Brandenburg, Schimmelwallach
Vater Benetton Dream, Muttervater Exposé
Geboren 2009

Quantaz – Brandenburg, brauner Wallach
Vater Quaterback, Muttervater Hohenstein
Geboren 2010

Superb – Hannover, Rappstute
Vater Surprice, Muttervater Donautanz
Geboren 2012

Joshua – Niederlande, schwarzbrauner Wallach
Vater Sezuan, Muttervater Voice
Geboren 2014

Wendy de Fontaine – Dänemark, Rappstute
Vater Sezuan – Muttervater Soprano
Geboren 2014

Glossar

Abreiten: Die vorbereitende Arbeit für eine Prüfung. Findet beim Turnier auf dem Abreiteplatz statt.

Abläuten: Unterbrechung eines Ritts durch den Chefrichter.

Abzeichen: Weiße Haarstellen.

Anlehnung: Ständige und feine Verbindung zwischen Reiterhand und Pferdemaul durch die Zügel. Das Pferd sollte die Anlehnung suchen.

Aufnehmen: Einwirkung des Reiters auf sein Pferd durch Zügelhilfe, dient der Regulierung des Tempos.

Ausbindezügel: Hilfszügel beim Longieren, der bewirkt, dass sich das Pferd in gleichbleibender Haltung bewegt, am Zügel steht und im Rücken schwingt.

Buntes Pferd: Mit vielen weißen Abzeichen.

Championate: Olympische Spiele, Weltmeisterschaften und Kontinentalmeisterschaften.

CHIO: Concours Hippique International Officiel – Internationales Turnier mit Nationenpreisen. Findet in Deutschland in Aachen statt.

Deutsche Reiterliche Vereinigung (FN): Nationaler Verband mit Sitz in Warendorf.

Deutsches Olympiade-Komitee für Reiterei (DOKR): Zur FN (Fédération Equestre Nationale) gehörendes Komitee für Leistungssport.

Dressurprüfung: Im Wortsinn Überprüfung des Ausbildungsstandes eines Pferdes in einem sportlichen Wettkampf.

Durchlässigkeit: Das Pferd lässt – aufgrund der richtigen Ausbildung und systematischen Gymnastizierung – die Zügeleinwirkung (halbe und ganze Paraden) eines Reiters geschmeidig und willig durch. Ein nicht durchlässiges Pferd sperrt oder wehrt sich gegen die Zügel oder entzieht sich.

Durchparieren: Übergang in die langsamere Gangart oder zum Halten.

Einwirkung: Die Gesamtheit der reiterlichen Hilfen.

Equipe: Eine Mannschaft, die bei internationalen Turnieren startet.

Equipechef: Betreuer einer Mannschaft, die bei internationalen Turnieren startet.

Exterieur: Die gesamte äußere Erscheinung eines Pferdes. Auch: Gebäude.

Fliegender Galoppwechsel: Übergang vom Rechtsgalopp zum Linksgalopp oder umgekehrt ohne Unterbrechung der Galoppbewegung.

Gebiss: Mundstück, das in die Maulspalte des Pferdes geschoben wird, am Zaum befestigt wird und mit den Zügeln verbunden ist.

Genick: Oberster Teil des Pferdekopfes, Übergang zum Hals.

Grand Prix, Grand Prix Special, Grand Prix Kür: Dressuraufgaben der höchsten Schwierigkeitsgrade, die z. B. bei Championaten geritten werden.

Grundgangarten: Die von der Natur mitgegebenen Bewegungsabläufe Schritt, Trab, Galopp.

Hengst: Männliches Pferd.

Hilfen: Einwirkungen des Reiters auf das Pferd. Man unterscheidet treibende Hilfen (Schenkelhilfen, Anziehen des Kreuzes, Gewichtshilfen) und verhaltende Hilfen (Zügelhilfen, Paraden).

Hinterhand: Besteht aus Kruppe, Hinterbeinen und Schweif.

Hufbeschlag: Eisenbeschlag, der den Huf vor zu starker Abnutzung schützt. Das Eisen wird meist noch heiß angepasst.

Hufschlag: Die äußeren Wege in der Reitbahn.

Kandare: Zäumung für höhere Dressuranforderungen.

Kolik: Eine Gruppe von Krankheiten des Magens und Darms beim Pferd, verbunden mit starken Bauchschmerzen.

Körung: Staatliche Anerkennung von Hengsten als Vatertiere.

Lektion: Teil einer Dressuraufgabe.

Longieren: Bewegen des Pferdes ohne Reiter an der Longe.

Losgelassenheit: Wenn die Bewegungen des Pferdes natürlich, geschmeidig, ohne Verkrampfung oder Verspannung ausgeführt werden.

Paddock: Eingezäunter Auslauf für Pferde (ohne Gras).

Parade: Anhalten des Pferdes aus dem Schritt, Trab oder Galopp (ganze Parade) oder Aufmerksammachen des Pferdes auf einen Wechsel der Lektion oder des Tempos.

Passage: Versammelter Trab in vollkommener Erhabenheit.

Piaffe: Die erhabene Bewegung des Pferdes im Takt des Trabes auf der Stelle.

Pirouette: Wendung des Pferdes um die Hinterhand.

Prüfung: Wettbewerb, bei dem Preise vergeben werden.

Rechte/linke Hand: Man reitet in der Reitbahn auf der rechten/linken Hand, wenn die rechte/linke Hand nach innen zeigt.

Rennbahn: Im vorliegenden Zusammenhang: Trainingsgelände zur Abwechslung, zur Verbesserung der Pferdekondition, zum Abbau von Spannungen.

Rosse: Die etwa fünftägige Phase, in der die Stute paarungsbereit ist.

Starker Schritt, starker Trab, starker Galopp: Höchste Entfaltung der Gangart.

Stockmaß: Größe eines Pferdes am Widerrist gemessen.

Stute: Weibliches Pferd.

Traversalen: Vorwärts-seitwärts-Verschiebungen.

Übergänge: Tempowechsel innerhalb der Grundgangarten oder Wechsel in eine andere Gangart oder Lektion.

Versammlung: Das Pferd nimmt mit der Hinterhand mehr Gewicht auf und entlastet damit die Vorderhand. Es entsteht der Eindruck, als würde es vorne höher. Die Versammlungsfähigkeit wächst mit der Ausbildung und der Kraftentwicklung und ist unerlässlich zur korrekten Ausführung der Lektionen.

Verstärkungen: Tempoänderung in den Gangarten unter Beibehaltung des Takts, die sich nicht in Eile, sondern in stärkerer Akzentuierung und größerem Raumgriff ausdrückt.

Viereck: Platz für die Dressurvorführungen (für schwere Aufgaben 20 mal 60 Meter).

Vorhand: Kopf, Hals, Brust und Vorderbeine.

Wallach: Kastrierter Hengst.

Bildnachweis

Arnd Bronkhorst: Kapitelaufmacherfoto Satchmo (Seite 104), Innenteilfotos Bella Rose (Bella_Rose – Seite 36), Quantaz (Seite 56), El Santo (Seite 134)
Nadine Harms: Kapitelaufmacherfoto Emilio (Seite 160)
Stefan Lafrentz: Kapitelaufmacherfoto Quantaz (Seite 46), Innenteilfoto Nachwort (Seite 203)
Julia Rau (imago images): Kapitelaufmacherfoto Amaretto (Seite 148)
Bärbel Schnell: Kapitelaufmacherfotos Antony (Seite 138), Belantis (Seite 172), Bella Rose (Seite 32), Don Johnson (Seite 92), El Santo (Seite 128); Joshua (Seite 190), Superb (Seite 180), Warum nicht (Seite 118), Weihegold (Seite 58); Innenteilfotos Bella Rose (Bella_Rose_2 – Seite 41), Gigolo (Seite 88), Joshua (Seite 194), Satchmo (Seite 114)
Jacques Toffi: Kapitelaufmacherfoto Wendy (Seite 22), Gigolo (Seite 76), Innenteilfotos Weihegold (Seite 67), Vorwort (Seite 20)
Isabell Werth: Kapitelaufmacherfoto Weingart (Seite 68)